JN200596

3年生のクラスをまとめる60のコツ

著
益田雄大
大谷 舞

東洋館出版社

「クラスをまとめる60のコツ」シリーズ
刊行にあたって

本書を見つけていただき、ありがとうございます。

本書を手にとっていただいたということは、何かしらの悩みをお持ちなのでしょう。もしくは、はじめて持つ学年で不安がいっぱいなのかもしれませんね。

本書は、「これをすればうまくいく！」という強いメッセージを持った本ではなく、心がスッと楽になるような、手元に置いておきたくなるような本を目指しました。悩みや不安があると、つい「これをすればうまくいく！」といった本を買ってしまいがちです。そのような本をヒントに、目の前にある悩みや不安を解消しようとします。

気持ちはとてもわかります。私もそうでした。

もちろん、本書でも「これをすればうまくいく！」といったことは書いています。

でも、本通りにしたけれど、うまくいかなかったということはありませんか。

それは目の前にいる子どもの実態や、先生自身のステータスが異なっているといった様々な理由から同様のことはできないのです。

そこで本シリーズでは、実際に執筆した先生たちのエピソードを入れました。それらのエピソードは、先生たちが実際に感じた失敗や困難、時には迷いや葛藤といった感情をリアルに伝えています。そして、そこから学んだことや次に向けた前向きな姿勢も含まれており、読む方に「私も大丈夫」と思っていただける内容になっています。

また、本書では、日々の授業や子どもたちとの関わりを通じて感じる喜びや、成長の瞬間にも焦点を当てています。教師としての役割や使命感に加え、日常の中で感じる小さな達成感や共感の場面を通じて、教育の奥深さを再確認してほしいと願っているのです。

ぜひ、本書を通じて、あなたが日々の実践に役立つヒントや気づきを得られることを願っています。教師という仕事における不安や悩みが少しでも軽くなり、子どもたちと向き合う毎日が、さらに充実したものになることを心から願っています。

本書は「教壇に立つあなたに伝えたいこと」シリーズの姉妹本になります。そちらのシリーズもあわせてお読みください。

樋口万太郎

はじめに

はじめまして、滋賀県で公立の小学校教員をしている益田雄大と申します。特段、何か優れた指導法を発明したり、オリジナルの実践に取り組んだり、ＳＮＳでインフルエンサーになったりしているわけではありません。この本を読まれている先生方とおそらく同じように、学級経営や日々の授業に悩み、書籍やネット、セミナーから情報を得て、目の前の子どもたちを相手に試行錯誤を繰り返す毎日を過ごしています。

学級経営がうまくいかずに、悩み苦しんだ一年間もありました。自分の不甲斐なさに涙を流したこともありました。何をどうすれば、学級経営がうまくいくのか、希望が全く持てなかった私を救ってくれたのは、先輩の言葉でした（詳しくは第1章で）。研修等でよく言われるようなことではなく、その人なりの学級経営の方法を聞いて「そんなことしていいんだ」と、自分の学級経営の幅が広がりました。その後の試行錯誤を経て、自分なりの学級経営が確立していきました。

そんな私が、学級経営の書籍を執筆する機会をいただき、何を書こうか悩みました（頼まれた仕事は基本断らないので、引き受けた後に悩みました）。共著者の大谷舞先生とも相談した結果、それぞれの大切にしていることを書けばよいのではないか、という結論に至りました。

学級経営に「これをすれば必ずうまくいく」というものはありません。ただ、「この方法が3年生にとって効果的ではないだろうか」と思う実践はあります。そこで、私と私が担任してきた子どもたちにとっての、大谷先生と大谷先生が担任してきた子どもたちにとっての正解を記しました。ひょっとしたら、二人で真逆のことを書いているかもしれません。でも、それでよいと思っています。本書を読まれた先生たちが「なるほど。これは自分（と目の前の子どもたち）には合いそうだ。やってみよう」と思われるか、「これは自分には合わなそうだな。私は違う方法でやってみよう」と思われるのかはわかりません。ですが、この本を読んだ方が、少しでも3年生の学級経営のイメージが湧き、「今年は、こんなことを大切にしたいな」「3年生に、こんな実践をしてみたいな」と前向きになられることを願っています。

学級経営とは、「何を大切にして、どんな方法でそれを実践していくか」のような気がしています。「大切にしているもの」と「方法」がつながっていないと、うまくいきません。

本書には、「大切にしているもの」と「方法」の両方を記したつもりです。私や大谷先生が「大切にしているもの」を感じてもらえれば、それは読者の先生にとっての「大切にしているもの」を際立たせるはずです。「大切にしているもの」は、教師によって違います。それは、その人が生きてきた歩みそのものです。これに正解も不正解もありません。しかし、他人の「大切にしているもの」を知り比較することで、自分の「大切にしているもの」が明瞭になっていくはずです。

実は、本書を書き始めた一学期の途中、学級経営がしっくりきていませんでした。育休明けというのもあったかもしれませんが、それよりも、「書籍を書き始めた」ことの影響が出ていたように思います。「本を出すのだから、ちゃんとしないと」のような見栄みたいなものを、子どもたちは見抜いていたように思います。本格的に執筆を始めた夏休みに、過去の学級通信を読み直したり、他の先生の学級経営の本を読んだりしていました。そこで、自分が何を大切にしていたかを再確認し、自分の過ちに気づけました。ごめんなさい。おかげで、二学期からは学級経営がしっくりきています。

と言いつつも、私が本書に書かせてもらった内容は、自分が今まで他人から学んできたことが大半です。先輩、同期、後輩、教員でない友人、所属していた団体（アルプス子ども会、学びの共同体等）、何より担任してきた子どもたち。そんな方たちから学んだことを書きました。

実際に今年、同じ学年の先生に「3年生の指導のポイントって何だと思いますか？」と聞いて、それも参考にさせてもらっています。書きながら、あの先生が発していた言葉だとはっきり覚えているものは承諾を得ましたが、ひょっとしたらもう私の血肉になっている言葉、考え方もあるかもしれません。「それ、私が言ったやつ」と思われた方がいましたら、すみません。ビール奢ります。せっかくこんな機会をいただいたのだから、今まで出会った方たちからもらったものを多くの人に知ってもらえたら、と思い書き記しました。

今回、本書を書く機会をいただいたのは、完全に人の縁です。私の実践が特段優れているとか、そんなことではありません。私より丁寧な学級経営をされている先生、子ども一人ひとりをよく見ている先生はたくさんおられると思います。

それでも、私が書く意味は「私が大切にしていることを、私なりの方法を、精いっぱい記すこと」だと思いました。先輩が大切にしていることに触れ、その人なりの方法を知ることで、初任のときの私が救われたように、本書に書いた私なりの学級経営が、悩み苦しんでいる誰かにとってのきっかけになってもらえたら嬉しいです。

一応付け加えておくと、私の実践は、少し変わったものもあるかもしれませんが、そのあたりは、この「はじめに」に書いた私の意図を汲んでいただけるとありがたいです。ご容赦ください。

益田　雄大

目次

第2章 3年生のクラスをまとめるコツ 35

第1章

3年生の指導のポイント

3年生の指導のポイント

本章では、3年生の特徴について述べていきます。ここで述べることは私個人の経験に基づいていますので、すべての3年生がこの通りではありません。あくまでも「こんな傾向がある」程度の参考にしていただければと思います。

地域や個々の子どもによって違いがあるのは当然のことですし、教育に絶対的な正解があるわけではありません。ここに記載された内容をそのまま実践していただいても、必ずしも学級経営がうまくいくわけではありません。ただ、本書を読んでいただいた方の視野が少しでも広がり、学級経営や授業がより豊かになれば嬉しい限りです。

素直に受け入れてくれる子どもたち

私が初めて3年生を担任したのは、教員生活3年目のときでした。前年度は5年生を担任しており、そのときは学級経営が思うようにいかず、自信を失っていました。

前年度を振り返り、よくなかった点を見直し、新しく出会う子どもたちのために力を尽くそうと、気持ちを新たにしていましたが、それでも不安は拭いきれませんでした。子どもたちは私のことを、どう見ているのだろうか？　前年度の失敗を知っていて、マイナスのイメージを持っているのではないだろうか？

そんな不安を抱えながらも、できる限りの準備をして、初日に臨みました。3年生の子どもたちは私の話を真剣に聞いてくれ、屈託のない笑顔を見せてくれました。その姿に、私は心から安心したのを覚えています。

関われば関わるほどに、素直に話を聞いてくれ、「先生、先生」と近寄ってくれる3年生。そんな彼らと関わりながら、教師としての自信を取り戻していくことができました。

今、私が教師として教壇に立てているのも、こんな本を書かせてもらっているのも、あの子たちのおかげだとつくづく思います。彼らとの関わりの中で、自信を取り戻しただけでなく、なぜ前年度はうまくいかなかったのか、その原因も理解できるようになりました。前年度に担任した子たちには申し訳ない気持ちでいっぱいですが……。

3年生の特徴の一つとして、4～6年生より素直に話を聞いてくれやすく、1、2年生より理解度が高いという点が挙げられます。

3年生は、大人の言うことに対して反抗することも少なく、疑問を持たずに素直に受け入れる時期なのかもしれません。最初はその素直さに安心していましたが、次第に別の不安が芽生えました。彼らは私の言葉をそのまま吸収していくのですが、その分、私には大きな責任があることを感じました。教師の言うことに絶対的に従うようになり、私の発言に縛られてしまうのではないか、**自分の考えで行動しなくなるのではないかという懸念**もありました。

そこで、次のようなことを伝えるようにしました。

「私は私がよいと思うことをあなたたちに伝えていきます。でも、それが本当によいかどうかはわかりません。十年後に、『あのとき、益田が言っていたことは正しかったな。だって……』でも、『あのとき、益田が言っていたことは違うと思う。だって……』でも、どちらでも私は嬉しいです。あなたは、あなたにとってよいこと悪いことを考えられた、ということですから。

私にとってはよいと思っていることでも、あなたにとってはよくないと思うこともあります。なぜなら、私とあなたは違う人間だからです。時に、大人は間違えます。だから、あなたが何をよいと思い、何を正しいと思うのかを常に考えて、自分が正しいと思うことを自分で決めてください」

この考え方は、学級経営がうまくいかずに悩んでいた私に、先輩の教員が教えてくれたことです。

「あなたはあなたが正しいと思ったことを伝えたらいい。人によって、正しいと思うことは違う。あなたが今まで生きてきて、『今』、正しいと思っていることは、それなりに正しいはず。それは、何年か経ったら変わることかもしれない。それでも、『今』、正しいと思っているのだったら、それを伝えたらいい。毎年、担任が変わるのは、いろんな価値観に触れて、子どもたちが成長していくからだ。だから価値観を伝えることに臆するな」

この言葉は、今も私の教育観の根底にあります。「大人の言うことはすべて正しい」と思ってしまいがちな3年生だからこそ、こういったことも伝えていっていいと思います。

この先輩の言葉を聞いてからは、「褒めたらよいのか、叱ったらよいのか」という二項対立から抜け出すことができました。

学級経営がうまくいかなかったときは、子どもたちの心が離れていってしまうことを恐れ、叱ることを遠慮してしまっていたし、「褒める」を意識しすぎてわざとらしくなってしまうことがありました。しかし、本当は**「褒める」も「叱る」も自分の価値観を伝えている意味では同じ**だということに気がつきました。「よいことはよい。悪いことは悪い」と自分の価値観を伝えれば、その言葉に嘘はありません。誤解を恐れずに言えば、「子どもたちは叱られたがっていたのか」と当時、感じたことを覚えています。価値基準を示すことは、子どもたちにとっては安心材料になるのだと感じました。

また、こちらの提案を好意的に受け取ってくれるので、担任として初めての試みに挑戦しやすい学年だとも思います。「こんなことをして、うまくいかなかったらどうしよう?」という不安は誰にでもあると思いますが、たとえ失敗したとしても、その挑戦する姿を見せることは、子どもたちにとってプラスに働きます。「挑戦しましょう!」と子どもたちに伝えているのであれば、教師も挑戦するべきだと思いますし、失敗する姿を見せるのも一つの教育だと思います。

3年生は失敗やできないことも、好意的に受け止めてくれやすいです。以前、クラスのオリジナルソングを作成したことがありました。初めての挑戦で、うまくいくかわからなかったのですが、歌うことが大好きな子どもたちだったので挑戦してみました。

子どもたちに「うまくいくかどうかわからないけど、作ってみたい」といった話をすると、ノリノリで歌詞を考えてくれました。私は音痴なので、メロディーづくりがうまくいくか不安でした。そのことを子どもたちに相談すると、ピアノが得意な子が一緒にメロディーを考えてくれて、なんとか形にすることができました。その子が休み時間に、ピアノでメロディーを弾き続けてくれたので、クラスのみんなが歌えるようになり、クラスとしてもまとまっていったのを覚えています。クリスマス会や最後の授業参観、学級の最終日に歌ったのも、とてもよい時間になりました。

あのとき、オリジナルソングづくりを提案するか迷っていた私を後押ししてくれたのは、この子たちだったら**「好意的に受け止めてくれるはず」という安心感**でした。

私は、教師として成長を続けるためにも、新しい挑戦は絶対に必要だと思っています。ただ、条件が二つあります。

①うまくいかなかったとしても、子どもたちにとってマイナスにならない見通しが持てる
②教師自身に挑戦するだけのエネルギーがある

特に、①は重要だと考えています。逆に①が守られている限り、どんどん挑戦していいでしょう。そして、先ほど述べた通り3年生は、この新しい挑戦がしやすい学年です。ぜひ、やってみたい試みがあれば、挑戦してみてください。

小集団をつくり始める時期

また、3年生になると**「一対一」の関係性から、三者以上が関わる関係性へと発展していく姿が多く見られるようになります。**「自分と相手」の関係性から、「自分と相手とあの子」の関係性が加わっていきます。

三人以上での小集団をつくり、グループでの活動が活発に始まる時期です。「低学年はペア学習を中心に、中学年からグループ学習を中心に」と言われているのも、この発達の問題が関係しているのだと思います。グループでの話し合いや合意形成は、これからの学校生活にとって非常に重要な経験になります。子どもたちはコミュニケーションの方法や他者との協力の仕方を学び、自分の意見を持ちながらも他者の意見を尊重することの大切さを理解していきます。

「話し合い活動をさせるのならば、まず話型を教えるべきだ」という意見もあります。しかし私は、**話型などの特別な形式を教えなくても、子どもたちは普段から自然に話し合いを行い、意見をまとめる力を持っている**と考えています。大人だってわざわざ話型を使って話をしたら、非常に話しづらいですよね。もちろん、授業で強制的に話し合いの場を設けるならば、話したくなる仕掛けは必要だとは思います。でも、話し方のルールまで設定すると、話し合いが非常に不自然なものになってしまいますので、私は不要だと考えています。

それよりも、グループの活動の時間をできるだけ多く確保することが大切です。普段の授業だけでなく、係活動やお楽しみ会の準備等でも、三人以上の小集団で活動することで、3年生としての対人スキルが磨かれていきます。また、子どもたちの机を常にグループの形にしていて、気軽に友達に聞いたり、関われたりする環境づくりをしています。こうした環境づくりにより、子どもたちは自分から他者と関わり、問題を解決する体験を通して、成長していきます。

一方で、三人以上での小集団をつくり始めるからこそ、友達同士のトラブルも複雑になっていきます。低学年までは一対一のトラブルが多かったと思いますが、複数の人間が関わるトラブルも増えていきます。こういったトラブルを解決するときに大切なのは、**トラブルに関わった（もしくは近くにいた）すべての子どもから、一人ずつ話を聞くこと**です。

トラブルの中心にいたAさんとBさんの話だけを聞くと、言っていることが食い違っていることがありますが、Cさんに聞くと、真実が見えてくることがあります。視野が広がり、物事を客観的に見る力が育ってきたからこそ、第三者である「Cさんに話を聞く」というアプローチが取れるようになるのです。

また、一対一の関係性が発展することで、「子ども対教師」という一対一の関係だけでなく、人間関係をより広げていくことも十分に可能です。

例えば、「先生、○○していいですか？」といった質問にすべて教師が答える必要はありません。私は「先生に聞く前に、隣の友達に聞いてみよう」と伝えたり、聞かれた後に、隣にいる子に「○○していいと思う？」と聞いたりしています。

こうすることで、子ども対教師の関係性だけでなく、**「子ども対子ども」もしくは「子どもと子どもと教師」の三者の関係性に発展しやすく**なります。教師と一人ひとりの子どもとの間に築く「縦の関係性」は非常に重要です。しかし、それ以上に、子どもと子どもとの間に「横の関係性」を築いていくことが重要だと考えています。

縦と横の関係性を意識することで、クラスとしてのまとまりも出てくると思っています。休み時間に教師の机に近づいてきて、「先生、好きな果物は何？」と聞いてくるAさんがいたとします。私は意図的に、たまたま近くにいたBさんも話に巻き込むようにしています。「うーん、みかんかなぁ。Bさんは好きな果物は何？」といったようにです。一回でAさんとBさんが仲良くなることはありませんが、これだけでもAさんとBさんの間に細い糸が生まれます。

このような「横の関係性」を広げていくアプローチを繰り返すことで、関係性が少しずつ深まっていくと考えています。子どもたち同士の新たな関係性の構築が進むにつれて、彼らはより多くの経験を積み、他者との協力やコミュニケーションの重要性を学び、より豊かな人間関係を築く力を養っていくのです。

高学年→3年生を担任するときに気をつけたいこと

私自身の経験になりますが、6年生を担任した後に、3年生を担任したことがありました。いろいろなことができるようになってきたとはいえ、まだ3年生。そのギャップに戸惑ってしまうことが何回かありました。

例えば、教師が使う言葉が、3年生にはまだ理解しづらいことがあります。「学びを自分事にしてほしい」という話を3年生にしました。「自分事」という言葉は、普段はあまり使いませんので、「『自分事』というのは『他人事』の逆の意味ね」と伝えたら、「先生、他人事って何ですか?」と聞かれたことを覚えています。その後は、「お客様気分ってわかる?」や「誰かに言われないとやらないこと」など、言葉を尽くして、なんとか伝えようとしました。

これは「難しい言葉の話題は3年生には伝えない方がよい」ということではありません。話し終えた直後は、すべての子どもたちに確実に伝わったとは思えませんでしたが、伝えた意味はあったように思います（もちろん、伝え方は工夫すべきですが）。その後に、具体的な子どもの姿から**「これが学びを自分事にするってことだよ」と伝えていく**ことで、子どもたちは徐々に理解してくれました。この過程を通して、子どもたちは自分の行動と学びの関連性を少しずつ感じ取るようになり、「学びを自分事にするとはどういうことか？」と考え続けてくれたように思います。難しい言葉でも、実感をもって理解すれば、それは3年生にとっての学びになります。

また、6年生であれば自分で考えて行動できることも、3年生では教師が具体的に伝えないと動けないこともあります。その度に、「あぁ、そうか。これも伝えた方がいいか」と自分の伝える中身を調整していました。

ただ、これも「言わないと動けないから、すべて事前に伝えましょう」ということではありません。子どもたちには**「今はまだ、言われないと動けないでもいいけど、少しずつ誰かに言われなくても行動できるようになるといいね」**などと、未来の自分の姿を想像させて、今の自分を見つめる機会をつくっていました。そうすることで、子どもたちは自分の成長の過程を理解し、少しずつ自立した行動ができるようになっていくのではないでしょうか。

これらの経験から、私自身が大事だと思ったのは、目の前の子どもたちに合わせて、教師の伝え方を調整するということです（私はこれを「チューニング」と呼んでいました）。「なんで、伝わらないんだ。こんなこともできないのか」ではなく、こちらの伝え方を相手に合わせて調整する必要があるということです。つい、伝わらない原因を子どもたちに求めてしまいがちですが（私も過去にそのような苦い経験があります）、それでは意味がありません。自分が大事だと思っていることを難しいから伝えないのではなく、今の目の前にいる子どもたちに**どうすれば伝わるのかを考えて、こちらの伝え方を調整することが大切**です。

3年生を変に子ども扱いしない、だからといって結果は求めない。「すぐに、できるようにならなくても、高学年になるまでにできるようになればいいか」と、こちらが長期的な視点で見守ることも大事だと思います。

低学年↓3年生を担任するときに気をつけたいこと

では、その逆はどうでしょうか。私自身、その経験がなかったので、職員室の先生に聞いてみました。すると、「言い過ぎないこと」とおっしゃっていました。

確かに、低学年に比べて学校生活に慣れ、理解度が高まり、抽象的な思考もできるようになってきた3年生に対して、**「先回りをしすぎないこと」**は大切なことのように思います。活動の前に、いろいろと説明をしすぎると「そんなことより早くやらせてほしい」となる子もいますし、子どもたちの試行錯誤する機会を奪ってしまうかもしれません。

例えば、3年生の理科の学習「風やゴムのはたらき」の単元で、実験キットを用意しました。風やゴムの力で動く車を作るのですが、私は説明を一切せずに「どうぞ」と、子どもたちにキットを渡しました。

最初は、「え？ 説明はないの？」「どうやって作るの？」という声も聞こえましたが、次第に「説明書に書いてあるで」や「わかんなかったら聞けばいいか」と自分たちで作り始めました。途中で、作り方がわからずに困る子もいましたが、近くの友達に聞くことで解決していました。

結局、教師の説明なしでクラス全員がキットを完成させていました。説明がないことでキットを作る時間が短縮され、その後の学習に時間をかけることができました。この取り組みは、私が初任の頃から実施していますが、毎年キットを完成することができています。「子どもたちの力ってすごい」といつも思います。

もちろん事前に丁寧な説明をした方がいい場合もあります。ただ、先回りをしすぎると、子どもたちの力を伸ばす機会を奪ってしまうことにもなります。先回りをしてつまずきそうな石をすべて拾ってから歩かせるより、**ある程度つまずいてもいいから歩かせることの方が子どもたちは学ぶ**はずです。もちろん、立ち直れないようなつまずきは避けるべきですが。

また、説明の仕方も口頭だけでなく、イラストを使った説明や文章での説明など、多様な方法があります。目の前の子どもたちに応じて、どのように説明するか、またどこまで説明するかを調節することが大切です。そして、これは実際に説明して子どもたちの反応を見ないとわからないことも多いです。

「この言い方だと伝わりにくいか」「この説明だけだとつまずきすぎか」「あ、子どもたちはもう早くやりたそうだ。ちょっと説明が長かったか」などと、目の前の子どもたちの反応を大切にして、自分の話し方を調節するのです。

昨年度、担任していた子どもたちのイメージに引っ張られないように、目の前の子どもを見ることが大切だと感じています。

新しい学習へのワクワク感を大切に

3年生から新しく始まる学習はたくさんあります。理科、社会、総合、習字、リコーダー等々。子どもたちは、新しく始まるものに対して、ワクワクしていることが多いです。

四月の学年集会で、「3年生では新しい教科が始まります。新しい勉強が楽しみな人？」と聞いたら、ほとんどの子が手を挙げていました。この気持ちに応えたいと強く感じたのを覚えています。やはり、学ぶことは本来楽しいはずで、それらを楽しめなくしてしまっているのは、学校教育の責任もあるだろうと思うのです。

新しい学習へのワクワクした気持ちを活かすために意識しているのは、**最初の出会いでの活動の時間の確保**です。

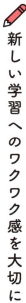

例えば、習字。新しい道具が目の前にあったら、誰でも使いたくなるものです。ついつい、「授業規律」という言葉が頭に浮かんで、「子どもをコントロールするにはどうすべきか」という思考に陥りがちですが、子どもの自然な気持ちを大切にすることは、子どもを人として尊重することだと思います。

ですから、最初の習字の授業では、半紙をたくさん使って、まずは自由に書くことを大切にしたいと考えています。横の線、縦の線、ぐるぐる……。教師が説明する時間より、子どもが活動する時間の方が、子どもたちはたくさん学んでいるように思います。

もちろん、正しい使い方を教えることも大切ですが、まずは**とにかく自分でやってみることに重きを置いて、新しい道具と出合った方が、子どものワクワクした気持ちとつながり、学ぶ楽しさを実感できる**のではないでしょうか。子どもたちの意欲を奪うことなく学びにつなげるためにも、充分な活動時間の確保が絶対に必要だと考えます。

リコーダーも同様です。新しい楽器が目の前にあったら誰でも音を鳴らしたくなるもの。最初の出会いでは、ぜひ自由にたくさん吹かせてあげてほしいです。といっても、1分程度で十分だと思いますが。この1分の時間を取るのと取らないのでは、その後の指導の伝わりやすさも変わっていきます。自分のやりたいことを実現できた子たちは、こちらの話もよく聞いてくれます。

教室で全員が自由に吹くと、音に対して敏感な子にとってはつらい状況だと思うので、教室の外で吹くのもおすすめです。それでも、もっと吹きたい子は、「おうちで吹いといで」と伝えると、目をキラキラさせながら「持って帰って吹いていいんですか？」と聞いてくれました。

こういう姿を見ると「学びって楽しいんだよな」と改めて考えさせられます。子どもたちが自由に取り組むことで、学び本来の楽しさを感じられます。

高学年になると、リコーダーを吹こうともしない子たちも出てきます。彼らだって、最初にリコーダーを手にしたときは、とにかく吹いてみて音を鳴らしたはずです。「シ」の音の出し方を習い、自分の指の動きや姿勢、息の出し方で音が変わるのに感動したかもしれません。そんな彼らが、なぜリコーダーに苦手意識を持ち、吹こうとすらしなくなったのか。きっと、低い音がうまく出なくなり、覚える指が多くなり、「うまく押さえられない」「指がわからない」の積み重ねで、リコーダーから心が離れていったのではないかと考えます。

ですから、3年生の段階では、「リコーダーは楽しい」と感じさせることが一番だと思っています。

初めて学ぶリコーダー。最初に習う音は「シ」「ラ」「ソ」の三つです。これらの音は、比較的簡単に綺麗な音が出ます。音が綺麗に出せたとき、子どもたちはすごく嬉しそうですし、夢中になって練習していました。この三つの音を使って演奏できるのが『マジカルシラソ』(教科書に載っている曲)です。この曲をリコーダーで吹けるようになった後、学期末にお楽しみ音楽として合奏を実践しました。せっかくリコーダーで曲に親しんだのだから、曲を演奏することの楽しさをもっと実感してほしいとの願いから取り組みました。

音楽室に行き、自分の好きな楽器を選んでいいこと、練習時間は十五分間であることを伝えました。子どもたちはワクワクしながら楽器を選んでいました。うちのクラスの子どもたちが選んだのは、グランドピアノ、オルガン、木琴、鉄琴、大太鼓、ボンゴ、リコーダー、鍵盤ハーモニカ等々。

十五分間の練習後、みんなで合わせてみると、子どもたちはとても楽しそうに演奏していました。もちろん、音楽会等と違い、楽器のバランスはメチャクチャですが、それでも自分の選んだ楽器で、みんなと一つの曲を演奏するのは、すごく心地よさそうでした（この演奏を動画で撮影しておいて、タブレットでおうちの人にも見てもらいました。好評でした）。技能とは、**身に付けるためのものではなく、使うためのものだ**と改めて感じました。

リコーダーの話が中心になりましたが、他の新しく学ぶ教科にも同じことが言えます。子どもたちの「やりたい」「やってみたい」という気持ちと、新しい学びとの出会いを大切にすることで、子どもたちは学ぶ楽しさを実感してくれるはずです。そして、その学びが何につながるのかを実感できたら、さらに学びを深められるでしょう。新しい学びの楽しさを感じることが、学びの原動力となるはずです。

クラスをまとめる三つの大切なこと

次章では「3年生のクラスをまとめるコツ」を紹介しています。その前に、「クラスをまとめる」とは、どのようなことなのかについて述べておきます。

私自身、「クラスをまとめよう！」と思って、学級経営をしたことはありませんでした。ただ他の先生に「まとまりのあるクラスですね」と言われて、嬉しくなったことはあります。つまり、結果としてクラスがまとまっていったのだと思います。では、学級経営で何を大切にしていたか、と考えると3つのことが思い浮かびました。

一つ目は**「学級文化の形成」**です。

学級経営とは、学級の文化をつくっていくことだと思っています。「○○さえしたら、学級がよくなる！」という特効薬はないです。一つ一つの取り組みの裏にある、教師の人となりやマインドが、学級の文化をつくり、結果としてクラスがまとまっていくのだと思います。

例えば、「掃除をしない子」がいるとします。なんとか掃除をさせようと、あれやこれやとその子に対するアプローチを試してもうまくいかないことがあります。こういった場合、その子を無理に変えようとするよりも、「学級全体で掃除をすることは気持ちがよい」「みんなが気持ちよく過ごせるために掃除をすることは大事だよね」という文化をつくってしまう方が、効果があるのではないでしょうか。

学級全体で共有される価値観を大切にすることで、個々の行動が自然とその文化に沿って変わっていくはずです。

二つ目は**「子ども一人ひとりの満足度を上げる」**です。

「学校が楽しい！」と学校生活に満足している子の方が、他人を思いやる余裕があります。「学校が楽しくない……。今日、行くの嫌だな」と思っている子が、まわりで困っている友達に声をかけるのは難しいでしょう。先述したように、「まわりの人を大切にしよう」という学級文化をつくるのも大切ですが、一人ひとりの学校生活における満足度を上げていくのも大切です。自分のやりたいことが保障されていないのに、クラスでまとまっていくことは難しいです。また、この満足度を上げることには、副次的な効果として、保護者対応にプラスに働く効果もあります。

先生方の中には、保護者対応に悩まれている方もいると思います。当たり前ですが、子どもの満足度が高ければ、保護者との関係づくりは難しくありません。

子どもが「今日も学校楽しかったー、今日こんなことがあってね……」とおうちの方と話している家庭から、理不尽なクレームが来ることはほぼありえません。「対保護者」を考えるよりも、「対子ども」を考える方が本質的ですし効果も高いでしょう。

三つ目は**「子ども同士のつながりをつくる」**ことです。

子どもと子どもをつなげるのは、教師の仕事だと思います。何もしなくてもつながりが生まれることはありますが、クラス全員とつながることはほとんどありません。気の合う人同士はつながりやすいですが、普段から距離のある人とはなかなかつながらないでしょう。

大人が意図的に仕掛けを打つことで、新たなつながりが生まれ、学級集団を意識するようになるのだと思います。教師がどのように関係を促進するかによって、クラスの雰囲気や子どもたちの協力関係が大きく変わります。


いかにして、「学級文化を形成していくか」「子どもの満足度を上げるか」「子ども同士のつながりをつくるか」の具体例は、次章で紹介しています。少しでも皆さんのお役に立てれば幸いです。

第2章

3年生のクラスをまとめるコツ

1

弱者を見捨てない学級経営

2年生からの引き継ぎで「この子は、大変で……」と言われることがあります。いわゆる「大変な子」です。昔、研修で「大変なのは誰か?」とよく問われたことを覚えています。教師も大変なのは事実かもしれませんが、それ以上に保護者やその子自身が大変なはずです(ここでは、あえて「大変な子」という表現をさせていただきます)。

さて、この大変な子ですが、二年間同じ学年の子たちから、どう見られていると思いますか? 場合にもよりますが、きっと良い印象は持っていないでしょう。なぜなら、**子どもたちは、教師と同じようにその子を見る**からです。

以前、家庭訪問に行ったときに、おうちの人から「うちの子が驚いていました。『○○さんに対して、益田先生は怒鳴らずに注意している』って」と言われたことがあります。子どもって本当によく見ているんだと驚いたことを覚えています。

「大変な子」というのは、集団の中での弱者です。みんなと同じようにできない、振る舞えない。だから、その子に対して担任がどう接しているかを、まわりの子どもたちはよく見ています。自分が弱者になったときに、この先生は助けてくれるのだろうかと。

私は、集団づくりの肝はここにあると思っています。つまり、**「集団の中での一番の弱者に対して、どう関わっているか」が、すべての学級経営に通じている**のです。集団に所属している者は、常に自分が弱者になる可能性があります。もし、弱者に対して冷たい厳しい集団であれば、その集団では誰しもが「絶対に弱者にならない」と決意します。弱者にならない方法は簡単です。自分より弱そうな子を、弱者にしておけばよいのです。まわりを蹴落とせば、必然的に強者でいられます。こうして、いじめの構造は生まれます。

また、もし担任が誰か一人でも見捨ててしまえば、子どもたちは「ひょっとしたら自分も見捨てられるかもしれない」と不安を抱えることになります。

だから、私は集団の中での弱者を一番大切にしています。特に四月、その子に時間をかけます。悪い言い方をすれば、特別扱いをしているし「えこひいき」をしています。話す時間を一番多く取りますし、一緒にいる時間も増やします。

何より、その子自身を肯定することを最優先にします。でも、そうして**集団の中での一番の弱者を大切にすることでしか、子どもたちの本当の信頼は得られないし、そこに本質が潜んでいる**と思っています。

この誰一人見捨てない姿勢を、私は学級通信の第1号で初日に必ず伝えるようにしています。

「今日は3年4組が生まれた日。3年4組の誕生日です。今、ここから3年4組が始まります。このクラスをどんなクラスにするかは、ここにいる二十八＋一人次第。一人ひとりが優しい声かけをすれば、優しいクラスになるでしょう。人の話を聴くことを大切にすれば、温かいクラスになるでしょう。一人ひとりの行動がクラスの雰囲気をつくります。

あなたたちはどんな一年間を過ごしたいですか。私は、ここにいる二十八人が心の底から『楽しい』と思えるクラスをつくりたいです。三学期の終業式の三月二十四日に、『３年４組、いいクラスやったなぁ』と全員が言えるように、私は全力であなたたちを支えます。皆さんも存分に力を発揮して、お互いに支え合って楽しい一年間を過ごしましょう」

さらに、子どもたちにも熱く語っています。一人でも楽しくない学級は嫌なのだと。そして、それを体現するのが、大変な子への対応の在り方なのです。

2年生まで、みんなと同じようにできずに悲しい思いをしていたあの子に対して、担任としてどう関わるか。これが学級経営の肝ではないでしょうか。教師の仮面を取り払って、その子に対して誠実に、真摯に対応している姿が、まわりの子の信頼を生みます。というより、その子を見捨てた途端に、何かが終わるのかもしれません。**誰一人見捨てないんだ、という意志を強く持って集団の一番の弱者に関わることが大事**だと私は思います。

2

3年生にも丁寧な説明を

前項では、「大変な子」を大切にすることが学級経営の肝だと述べました。とはいえ、子どもによって対応が違うことに戸惑う子や保護者もいます。全員、平等に接してほしいと思っている人も少なくないかもしれません。だからこそ、前章で述べたように3年生であっても、しっかりと説明することが大事だと考えています。

「あなたたち一人ひとりは違う人間だから、私は一人ひとりに応じた声かけをし、支えます。だから、全員に同じ対応はしません。例えば、お医者さんが全員に同じ薬を出したら、おかしいですよね。それと同じです。その人に合うような関わりをしたいと思っています」

このような話を、イラストを使いつつ伝えています。もちろん、保護者の方にも学級通信や学級懇談会で伝えます。

そして、**実際に宿題の量などを個人で変えています。**それぞれの事情がありますから、量を減らしたい、増やしたい、内容を変えたい人は個人的に伝えてもらって、相談して決めています。

このように、しっかりと説明するようにしてからは、「○○さんだけ、ずるい」というようなことは言われなくなりました（説明する前は、結構言われてしまいました……）。やはり多少難しい話でも、教師の意図や思惑は丁寧に説明するべきではないでしょうか。

3

子ども同士をどうつなげるか

3年生のクラス初日。お互いを知っている子はどの程度いるのでしょうか。学級数によって違うでしょうが、お互いに「はじめまして」の子もいれば、「顔は知っているけどよく知らない」や「同じクラスだったけどよく知らない」という子もいるでしょう。

前章でも述べましたが、3年生になると、子どもたちの関係が変化します。一対一の関係から広がりを見せ、小集団の中での関係を構築していくようになります。子ども同士が新たにつながり始める学年でもあります。私は、この子ども同士のつながりを大切にしています。

まず学級開きのときに、子どもたちに一年間の宿題を出します。それは、**「クラス全員となんでもない会話をすること」**です。このなんでもない会話とは、授業の中での意味のある会話ではありません。

例えば、教室を移動する時間、給食の時間等のなんでもない時間に「昨日のテレビ見た？」とか「今日、暑いよね」とか「今日の給食おいしかったよね」など他愛もない会話をしてほしいと伝えています。大人の世界でいうところの雑談です。宿題と言っても、本当に全員と話したか等のチェックをするものではありません。ただ、そういう意識でクラス全員と関わってほしいというメッセージです。

また、席替えは月に一回くじ引きで行っています。学級通信には次のように書きました。
「基本的に、席替えは月に一回、くじでします。小学校を卒業した後、誰とどこで出会い、一緒に活動するかわかりません。人生とは、くじ引きみたいなものかもしれません。だから、席替えはくじで決めます。大切なことは、席をどう決めるかではなく、一緒の班になった人と、どれだけ協力して、よい班をつくり上げるかです。誰と同じ班になってもよい班がつくり上げられる3年4組でありたいです」

教師が意図を持って座席を決めるのも、時には必要だと思いますし大事だと思います。ただ私は、全員の交友関係を完璧に把握することはできないとも思っていて、だからこそ**偶然生まれたつながりを大切にしたい**と考えています（ただし、配慮が必要な子は席を固定しています）。

くじ引きですので、自分では絶対組まなかっただろうな、という班ができることはあります。しかし、意外にその子たちが仲良くなったり、新しい化学反応が生まれたり、と見守っていて面白いです。

「気が合わないと思っていたAさんとBさんがこんなに仲良くなるのか」や「話し合いが難しいかなと思っていた班が、すごく学びを深めている！」と驚くことも少なくありません。

もちろん、班の学習が子どもたちだけで進められないこともありますが、その時々に支援すればいいでしょう。

そして、この偶然生まれた班で多くの時間を過ごしてほしいです。そこで朝から帰るまで、どの時間でも、基本的には班の形にしています。その方が、**困ったときに友達に聞きやすいから**です。「先生、今何て言ったの?」や「あ、今何するんだっけ?」など、友達に助けを求めたり、それに応えたりする場面を増やす目的です。休み時間でも席に座って話しやすいようで、そのまま会話をしている場面も見かけます。

また、給食の時間を班の形で食べるのもおすすめです。四月の最初は、なかなか話は盛り上がりませんが、それでも「顔を見ながら一緒にご飯を食べる」のは、関係をつくる上で大切なことだと感じています。

大人だって、人間関係を築くために、ご飯を一緒に食べますよね。全く関係のなかった子同士が、ご飯を一緒に食べながら、少しずつ関係性を築いていく。段々と会話が増えていく姿は、見守っていて、とても温かい気持ちになれる時間です。

このような仕掛けで、子ども同士のつながりをつくろうと仕組んでいます。

4

「友達」ではなく「仲間」に―学級目標が子どもをつなぐ―

子どもと子どもをつなぐためにも、学級目標は大切です。なぜかというと、**共通の目標に向かって力を尽くすと、そこに仲間意識が生まれる**からです。学級というのは、価値観の違う三十人程度が無作為に集められた集団です。こちらから手を打たなければ、気の合う子ち同士は、仲良くなるかもしれませんが、気の合わない子同士が関わることはありません。

皆さんの学生時代を思い起こすと、プライベートで遊ぶわけではないのだけれど、深い関係性を築いてきた集団はありませんでしたか。部活動などがそれにあたると思います。クラスの友達より部活動の仲間の方が、より深い関わりができたという方は多いのではないでしょうか。なぜ、部活動の仲間の方が深い関わりになるのか、それは目標を共有しているからだと思います。

例えば、「試合に勝つ」という目標を共有している場合、仲間同士の関わりは必須になります。そこには、「気が合うから関わるけど、気が合わないから関わらない」という関係性は存在しません。相手がどんな人間であれ、**関係をつくって関わることが目標を達成するために必要**なのです。

学級には明確な目標は存在しません。楽しく学校生活を過ごしたいとは思っているかもしれませんが、あくまでその主語は自分です。それぞれが、「自分が楽しいクラス」を目指した場合、そこに子ども同士の関わりは必要ありませんし、他の子が何を考え、何を思っているかも関係ありません。ですから、教師の手立てで、**「楽しいクラス」の主語をクラス全員に広げていく必要がある**のです。その手立ての一つが学級目標です。何に向かっているのか、どこを目指しているのかを共有することで、たまたまクラスが一緒だったあの子を仲間として認識できるようになるのです。

無理に全員と友達になる（仲良くする）必要はありませんが、同じ学級の同じ仲間として、関係を築くことはできるはずです。気が合わなくても、休み時間や放課後に遊ばなくても、同じ学級の仲間として共に学ぶことはできます。

私は、学級目標を決めるとき、3年生にもこのような話をします。学級目標とは何か、なぜ学級目標を決める必要があるのか、全員と友達になる必要はないけれど仲間になることはできる等々。

そして、学級目標を決めることの意味を感じた上で、共に学級目標をつくっていきます。多様な決め方があるでしょうが、大切なのは**「自分たちの願い」が学級目標に込められること**です。なので、私はある程度学級にも慣れ、「こんな学級にしたい」という思いが出てくる五月頃に学級目標をつくることが多いです。私が実践している方法を紹介します。

まず、「こんな学級にしたい」という思いを、付箋にブレインストーミング方式でたくさん書いてもらっています。これは、自分の願いが学級目標につながっていることを実感してもらうために、実施しています。今年の3年生は、二十八人学級で五百二十四個の付箋を書いていました。一人平均十九個くらいですね。たくさん書くことで、多様な視点から「よい学級とは何か」を子どもたちと考えることができます。

その後は、たくさん出てきた付箋を分類し、いくつかのキーワードにしていきます。3年生だと、このキーワードを漢字一文字に表し、その漢字をつなげて、創作の四字熟語をつくることが多いです。過去の3年生の学級目標では「『愛楽守力』～全員が**愛**情をもって**楽**しく、きまりを**守**り、**力**を尽くすクラス～」というのがありました。四字熟語にすることで、覚えやすく、それぞれの漢字に込められた思いもあり、わかりやすい目標になります。

また、この学級目標の主語は誰なのかという話を必ずしています。ここまでで、「全員を大切にする」という学級の文化が育まれていると、「全員」という返事がどの子からも聞こえてきます。そして決めた後は、形骸化しないように、**このキーワードと子どもたちの行動を結びつけること**が大切です。困っているAさんに、声をかけて助けたBさんの行動はまさに「愛」だよね、のようにです。

5

黄金の三日間？　いや、黄金の三百六十五日間だ！

「黄金の三日間？　いや、黄金の三百六十五日間だ！」

これは、同僚と話していたときに出てきたセリフです。黄金の三日間という言葉は、賛否両論あるように思いますが、元々は「子どもたちが教師の言うことを受け入れやすい時期なので、なるべくメッセージを伝えていきましょう」という意図だと思います。

3年生という学年において、この言葉はどう考えるべきでしょうか。私が今まで担任した3年生は、ありがたいことに「先生大好き」であることが多かったです。これは私の力ではなく、1、2年の担任の先生のおかげです。もちろん、そうではない子もいますが、高学年と比べると、教師の発言を良くも悪くも素直に受け入れる子が多いです。逆に言葉が入りすぎてしまって、それがプレッシャーになることもあるぐらいです。

ですから、自分の価値観は丁寧に伝えるべきです。それこそ最初の三日間だけでなく、**どんな考えで、どんな意図で、その言葉を発しているのかを毎日の中で丁寧に伝えていく**必要があります。できれば、学級通信の中で価値観を伝え続けていくと、保護者の方からの誤解も防げて、より効果的だと感じます。「これくらい言わなくても伝わるだろう」をやめて、「こんなことは伝えても、難しくて伝わらないだろう」ということまで伝えていくことが、3年生のポイントだと感じています。

6

「先生もできないことがある」正直な姿勢で築く子どもとの信頼

四月の初日、初めて出会う子どもたちと接するときに大事にしているのは、**「自分がどういう人間であるか」を伝えること**です。そのときに、「先生だから」という理由で、無理にしっかりしている自分を見せようとする必要はありません。むしろ、苦手なことを正直に伝えることが大事だと思っています。

例えば、私は忘れ物が多いです。そこで「私はおっちょこちょいな性格です。よく忘れたり、間違えたりするから、助けてほしいです」という話を子どもたちに伝えています。「先生がしっかりしていない……」と認識すると、子どもたちは「私がしっかりしないと！」と思うようで、力を発揮してくれることが多いです。

私は整理整頓も苦手なのですが、「もう！　先生は……」と言いながら、教師用の机や教室のロッカーを整頓してくれた子が過去に何人もいました。自分の苦手や弱さを見せることで、安心感につながることも多いようです。

そんなにハードルを下げたら、子どもが先生を越えて好き放題してしまうのではないか、学級崩壊してしまうのでは？と不安を持たれる先生もおられるかもしれません。逆です。**先生が中途半端なハードルになってしまうと、子どもたちは乗り越えたくなります。**それこそ、「先生だからしっかりしないと」という理由で、教師の仮面をかぶり、苦手なことを隠して、完璧な教師を演じようとすると、子どもたちはすぐに見抜きます。そして、乗り越えようとしてくるのです。私が初任校で憧れた先生は、子どもたちから尊敬され、何でもスーパーな先生でした。その先生はハードルが高すぎて、子どもたちは乗り越えようとはしませんでした。しかし、それを目指して弱い自分を誤魔化した私のような中途半端なハードルは、子どもたちは乗り越えてきます。私にはスーパーな先生になるのは無理だと自覚しました。「今の自分で勝負するしかない」と腹を括りました。

だからこそ、今は無理に背伸びをせずに、等身大の自分で子どもたちと関わるようにしています。できないことは子どもたちに助けてもらい、それでも自分にできることを精いっぱい取り組む。それでよいのだと、今は思えます。

ただし、あまり苦手ばかりを伝えすぎると「この先生、大丈夫かな？」と心配になる子もいるでしょう。このあたりのバランス感覚は大切です。ですから、先ほど述べたように、こちらの価値観を示すことが必要です。今の自分が何を大事に思っているか、それを伝えることで、「この先生は、こういう考え方の人なんだ」と子どもたちからの信頼を得ることができます。

また、私は**「迷惑をかけるなら益田に」というメッセージを伝えています。**「私はあなたたちの担任だから、私にはいくら迷惑をかけてもいい。間違ったことをしたなら、ちゃんと叱るし、一緒に怒られてもいい」と伝えています。

実際に地域の人の家に、子どもと一緒に謝りに行ったこともあります。このあたりは、自分の親としての姿勢と似ているかもしれません。我が子に対して「他人に迷惑をかけたらあかんで」と言っているのと同じ感覚です。

こういった姿勢を見せると、「この大人は信頼できる」と思ってもらいやすいです。何ができるかよりも、「あなたたちのために自分にできることは精いっぱいやるよ」「ちゃんとできないこともあるかもしれない。でも、そんなあなたも見捨てないよ」という姿勢や覚悟は心に届きます。

また、こう伝えておくと、担任不在のときにも他の先生に迷惑をかけづらいですし、クラスをまたぐトラブルは避けやすいです。トラブルから学ぶことは多いので、すべてのトラブルを未然に防ぐ必要はありませんが、できるだけ他クラスや他学年とのトラブルは避けたいですよね。

無理せずに、背伸びせずに、等身大の自分で関わっていくことが子どもとの関係をつくる手段だと考えています。誠実に、真摯に向き合っていきたいです。

7

その指導、厳しくする必要はありますか？

3年生を担任して、最初の懇談会で保護者の方から「安心しました」と言われることがあります。

よくよく話を聞いてみると、「1、2年生のときに給食指導（宿題指導、提出物指導、忘れ物指導、書字指導のことも）が厳しくて……学校に行きたくないと言っていて……」みたいな話が出ることがあります。その度に、「私も二十代の頃、厳しく指導していた時期もあったな」と反省しています。もちろん、これらの指導が不要なわけではありません。しかし、厳しく指導する必要があるのか、と考えると疑問が浮かびます。

これらの指導事項には共通点が三つあります。一つ目は、**「その子自身の問題」**という点です。これらができなかったとしても、他の子が嫌な思いをしたり、傷ついたりすることはありません。二つ目は、**「目につきやすい」**という点です。できていないことが、ついつい目につきやすいです。指導する必要性があって指導しているのか、目につきやすいから指導しているのかを考える必要があります。

三つ目は、**「厳しく指導したら解決するわけではない」**という点です。個人の特性等、大きく関わってくる場面です。「厳しく指導すれば解決する」と思ってしまうと、「解決しないのは厳しさが足りないからだ」という思考に陥りがちです。つまり、できていない子は半永久的に、厳しい指導をされ続けることになります（厳しさが増していけば、それはより不幸です）。それでは、子どもも教師もしんどいですよね。

私は、これらのことを厳しく指導するのをやめました。厳しく指導する必要性を感じなくなったからです。必要なのは、指導ではなく、支援だと思うようになりました。そうすると、不思議なもので、子どもから「字がうまくなりたいです」などと言ってくることが増えました。**こちらの心の余裕が、子どもの主体性を引き出した**のでしょう。

では、どこを厳しく指導した方がいいのか。基本、私は「○○は厳しく指導した方がよい」という考え方は、好きではありません。それは、**教師の仮面をかぶっているようで、その仮面は子どもに見透かされる**からです。

以前、高学年の子にそこを見透かされて、ドキッとしたのを覚えています。それ以来、事前に「○○は厳しく指導しよう」という線引きをやめました。その代わり、自分の価値観の中で、「それは違うんじゃない？」と思うことに対しては、しっかりと追及して指導するようにしています。ちなみに、3年生は教師の仮面を見透かしても、直接攻撃してくることはほとんどありません。その教師からそっと心が離れるだけです。それはそれで、大きな問題ですが。

話を元に戻すと、私が3年生に対して逃さずに追及するのは、**誤魔化したり、嘘をついたりするとき**です。それは、子どものときの自分がそうであったように、誤魔化したり、嘘をついたりして「怒られなかった！」という成功体験を経験してしまうと、それを繰り返してしまうからです。だからこそ、まだ嘘がバレやすい時期（すぐ顔に出たり、矛盾したことを発言してしまう時期）に、逃さずに指導することを意識しています。そして、**正直に言えたことが成功体験になる**ように導いていきます。

「嘘はよくなかったけれど、最終的に正直に言えてよかった」と価値づけすることで、正直に言うことのよさを実感してくれるのだと思っています。子どもたちにも、「悪いことをしてしまったらちゃんと怒られたらいい」という話をしています。まだ3年生、つい、善悪の判断を間違えて、悪いことをしてしまうこともあるでしょう。大切なのは、**「行動が間違っていた」と自覚し、その間違いから学ぶこと**ではないでしょうか。

このように、「何を大事にしているのだろうか」と自分の軸を考えることは教師として大切なことです。大事にしていることは、熱を込めて（厳しくとは違います）指導するべきでしょうし、そこまで大事にしていないことを取り繕って厳しく指導するのは、子どもの信用を失うのでやめた方がいいです。

8
告げ口をしに来た子に当時者意識を持たせる

正義感が強いからか、よく「先生！　Aさんが廊下を走っていました」と報告しに来ることがあります。このような子は、どんな気持ちで報告しに来ているのだと思いますか。

①Aさんが走っていることに、この子自身が困っている。

②Aさんのことを思い、Aさんが走らないようになってほしいと願っている。

③Aさんのように、廊下を走る人を一人でも減らしたい、そうすることで我が3年○組は、もっと良いクラスになるはずだ。

④Aさんが先生に怒られる姿を見たい。

④はちょっと言い過ぎかもしれませんが、①ではないでしょうし、②も珍しいかもしれません。③であったらよいとは願っていますが……。

この言いに来る子は、お客様気分なのかもしれません。先生に言えば、先生がどうにかしてくれる。あの悪いことをしている子を懲らしめてもらおう、など。もちろん、ここでAさんを呼び出して指導するという方法もあります。でも、今回は別の方法を提案します。

このような場合、私は**「なるほど、それであなたはどう思ったの？　どうしたいの？」と問い返す**ことにしています。つまり、「報告しに来て終わり」ではなく、あなたが問題解決の当事者だという認識を持ってもらっています。

すると、言いに来た子は、ちょっと止まります（呼び出して怒ってくれると思っていたのかもしれません）。そして、「よくないと思うので、もうしないでほしい」といった返事をすることが多いです。そこで、「よし、じゃあそれをAさんに伝えてみよう」とAさんを呼んで、その場で伝えてもらっています。伝えることができたら、**「自分で言えたね。今度からもよくないと思ったら、その場で伝えてみてね。あなたがクラスをよりよくするのだから」**という話をします。

こうすることで、この密告しに来る子は、気分を害することなく当事者意識を少し持つことができるでしょう。このクラスをよりよくすることのできる自分に気づけるはずです。

もちろん、教師もクラスの一員ですから、教師が解決するのも一つの方法です。しかし、本来、それは子どもにだって求めてよいことです。クラスをよくするのも悪くするのも、子どもたち一人ひとりがどう教室で振る舞うかによって決まるのですから。子どもたち一人ひとりが、自分のクラスをよりよくするために何ができるかを考えられるようになったら、すごくいいクラスになると思いませんか。

ちなみに、廊下を走っていたAさんも、友達の注意だからか、素直に聞き入れてくれました。内心「先生に怒られるよりはいいか」と思っているのかもしれません。

この解決方法を実施すると、より友達同士のトラブルが増えるのではないか、と心配される先生もおられるでしょう。確かに、注意をし合うと、「言い方が嫌だった」などからトラブルが起こる可能性もあります。しかし、これはこれで必要なトラブルだと私は考えています。**「言いたいことを伝えるためには、どんな言い方がよいのか」を学ぶ場**でもあるからです。

もちろん、問題の解決に教師が積極的に介入した方がよい場合もあります。「○○をされて嫌な思いをした……」「○○さんが□□さんに、こんなことをされてすごく嫌そうだった……」などの誰かが傷ついたり、困ったりしている場合は、その被害を受けている子にとって何が最適かをまずは考えるべきです。

しかし、今回のように「先生！　あの子がこんな悪いことしてましたよ」という場合には、その言いに来た子も巻き込んで解決に当たることで、言いに来た子や悪いことをしていた子にとって、よりよい解決に導けるのではないでしょうか。

とかく、正義感が強く、一歩間違えると他罰的になってしまう3年生。その正義感をよい方向に持っていくのも教師の役割だと感じます。

9

正義を暴走させない

教室がザワザワしています。伝えたい話があるとき、どうやって子どもたちを静かにさせますか？

私は基本的に子どもが話しているときは、話さないようにしています。静かになるまで待ちます。3年生であれば、必ず「静かにしいや」と声を上げる子が教室にいますので、待っていれば静かにすることができます。**子どもたちが自分たちで静かになる教室を目指しています。**

しかし、注意すること自体が子どもたちにとっては快感のようで、この「静かにしいや」を放っておくと、教室で「静かにしいや」の大声合戦が始まります。もはや「静かにしいや」だらけで静かではない、何のための「静かにしいや」なのかわからない、そんなカオスな状態になるのです。

そこで、私は**「何のために声をかけているのか」**という問いかけをしています。自分が気持ちよくなるための声かけはいらない。本当に静かにしてほしいのであれば、自分の近くにいる人に、小さい声で声をかければいいよ、と伝えています。

「何のための注意なのか」を見失った注意は、正義の暴走です。時に、注意される側をひどく傷つけたり、いじめにつながったりする可能性があります。

例えば、クラスで意見を発表した子が間違えてしまったときに、「え～」「違う～」と大勢でよってたかって間違いを指摘してしまう場面があります。指摘している子どもたちをよく見てみると、嬉しそうな顔をしていることもあります。ここも教師の出番だと考えます。友達の意見をしっかり聞いて、反応していることは素晴らしいことですが、何のために反応しているのか、という点です。相手の非を責めることが気持ちよくなってしまっている3年生に対しては、しっかり指導をすべきです。言われた相手はどんな気持ちになるだろうか、と問いかけるのが大切です。

また、「先生！　Aさんが何回注意しても言うことを聞いてくれません！」と報告しに来る子がいます。私は、この子に対して、「何回注意しても言うことを聞かないのだから、違う方法を試してみたら？」や「そもそも、そんなに注意することなの？」「言うことを聞きたくない理由があるのでは？」のような返事をすることが多いです。

つまり、**あなたの正義は暴走してないか？ということ**です。注意する側が正しくて、注意される側が悪いとは限りません。また、注意される側に非があったとしても、傷つけられるいわれはありません。ついつい、暴走しがちな正義は、大人が止めるしかないと考えています。この話は大人にも通じる話ですが……。

他にも「全員揃わないと〇〇しない」というルールが正義感を暴走させ、特定の子を攻撃させてしまうことがあります。全員揃ってから授業を始める、全員揃ってから帰りの会を始めるなどのルールです。全員揃ってから何かをする、というのは一見すごくよいことのように思うかもしれません。しかし、**「この全員揃わないと〇〇できない」という取り組みには、「揃えられない子が攻撃される」というリスクがあります。**「揃える」という行為には、揃えられない子が存在します。例えば、授業や帰りの会にいつも遅れる子がいたとします。すると、まわりの子が「あいつのせいでいつも授業が始まらない」「あいつのせいで、早く帰れない」と感じてしまう可能性が高い、ということです。

私たち大人の世界では、「全員揃わないと始まらない」ということは、ほとんどありません。職員会議とか、研修とか、ましてや退勤の時間が遅くなるなんてことは、ありえないですよね。大人であれば、「そもそもそんなルールがおかしい」となりますが、批判的思考力がまだ身に付いていない3年生は「みんなと同じにできないあの子がおかしい」となりがちです。

もちろん、全員が揃ってから実施した方がよいこともありますが、「全員揃わないと〇〇しない」は子どもも大人もしんどくなる可能性があるよ、ということです。

10

暴走する正義を止めるのもまた正義

ここまで、「正義感が強い」特徴の負の面をどう防ぐか、という視点で書いてきましたが、「正義感が強い」特徴も悪いことばかりではありません。何のための正義なのかを、子どもたちが考え、**正義の先を見据えることができれば、誰かの正義感が他人を救う**ことだってあります。

四月の段階では、誰かが間違えたときに「違うで～」と大きい声で、指摘する子が複数いました。こういうときは、教師の出番です。ここを見過ごしてしまうと、正義感で他人を傷つけてしまう子が育ってしまいます。この指摘する子たちは、悪気なく、しかも良かれと思ってしていますので、どんどんエスカレートしてしまいます。

私は、この場面では「確かに○○さんは間違えたかもしれないけれど、そんなにみんなで大きい声で言うことかな？　言われた○○さんは、どんな気持ちになるだろう？」と問いかけました。続けて「みんなが、誰かを責めているときほど、責められている人の気持ちを考えて行動できるようになってほしい」と伝えました。人は自分が多数派にいると、ついつい気が大きくなってしまい、少数派をないがしろにしてしまうことがあります。だからこそ、**教師が少数派の肩を持ち、その子たちに光を当てることが大切**だと思っています。

ただし、そう伝えても、すぐに変わらない子もいます。大人だって他人の間違いに不寛容で攻撃的になってしまう人が多い世の中ですからね。でも、繰り返し伝えることで、変わってくる子も出てきます。大きい声で間違いを指摘している子が複数出たとき（私が声をかけようかと思ったそのとき）に、「そんなに責めなくてもいいんちゃう？」と声をかける子が出てきました。実際に、責められた子に聞いてみると「責められたのは嫌だったけれど、〇〇さんがかばってくれて嬉しかった」と言っていました。

正義が暴走することもある3年生。でも、その暴走を止めるのも3年生だと改めて感じた出来事でした。こういう子が増えることで、救われる子は多いでしょう。大人の支援はもちろん必要ですが、打てば響きやすい学年です。

また、誰がやったかわからない問題行動（物隠し、落書き等）も、3年生だと意外に解決しやすいです。なぜなら目撃者が、正直に話してくれることが多いからです。

私は、物がなくなったときは、クラス全員で探すことにしています。すると、なくなっていた物が出てくることもありますし、出てこなくても、その後に私のもとに「先生、実は〇〇さんが……」と言いに来てくれることもあります（もし何か知っていることがある人がいる場合は、後で先生に言いに来てね、と伝えることが大切です）。また、探し始めたときの子どもたちの様子を見ていると、手あたり次第に探し始める子たちの陰で、何かを話している子がいることがあります。その子たちの中から、一人だけ呼んで「何か知っていることある？」と聞くと、「実は……」と話してくれることもあります。

高学年は、こうならないことが多いです。目撃者がいても正直に話してくれるとは限りません。正義感の強い、目撃者が正直に話してくれやすい3年生のうちに、**問題行動をしっかりと把握し、指導することで、正しい道に導くこと**が大切だと思います。こういった「正直に知っていることを教えてほしい」と言うときには、次のような話をします。

「もし、この中にトイレに落書きをしてしまった人がいて、それを誰にも正直に言えていないのであれば、それは、その人にとってすごくしんどいことです。もちろん、落書きをしてしまうことは悪いことだけれど、それを誰にも言えずに、心の中に溜め込んでしまっているとしたら、すごく心がモヤモヤしているはずです。今、本当のことを言えば、ここで怒られて終わりですが、もし誰かわからなかったら誰にも言えずにこのモヤモヤは一生続きます。だから、本人はもちろん、何かを知っている人がいたら、こっそり先生に言いに来てください」

場合によっては、全員に紙を配って、何か知っていることがあったら書いてください、ということもあります。

11

できない子を責めない教室づくり

学級の中には、みんなと同じようにできない子が必ず存在します。理由は様々ですが、そんな子に教師がどう接するかを、子どもたちはよく見ています。

例えば、みんなと同じようにできない子に対して、教師が厳しく叱責していると、他の子たちも同じように、その子に対して攻撃的になります。「○○さん、ちゃんとしいや！」「先生、○○さんがちゃんとしていません！」のように。これは、いじめの構造とよく似ています。「みんなと違う子は、悪い子だ。だから攻撃してもよい」という排他性を育ててしまうのです。3年生は、良くも悪くも先生の言うことをよく聞いているし、素直にそれを受け取ります。「先生の鏡」の面を持ち合わせていると言ってもよいでしょう。

私は、**みんなと同じようにできない子をみんなの前で責めることはしません。**その子ができない原因には様々なものがありますが、その子の「わがまま」である可能性はとても低いです。その子と関係を築き、対話をし、どうなりたいのかを引き出し、一緒に対応策を考えていくのがよいと思っています。

実は、私も「何回も言ってるでしょ！」と子どもに対して、声を荒らげてしまったことがあります。冷静に考えると、**何回言っても効果がないのであれば、その叱責は意味がありません。**ただ、相手を攻撃しているだけです。未熟でした。

12

「できていない子」ではなく「できている子」に求める理由

ただ、そんな私も、できている子にはもっと求めている場面が多いです。できていない子に求めるのではなく、できている子に求めていく方が学級経営としては効果があります。

例えば、なかなか朝の会が始まらないとき。日直は前に出てこないし、席に座っていない子もいるし、友達としゃべっている子もいます。こんなとき、私は「今、何の時間か気づいていた人？」と声をかけることが多いです。すると、学級の八割くらいの人が手を挙げます。

さて、皆さんは、朝の会だと気づいていない（できていない）二割の子を指導しますか？私は、朝の会だと気がついている（できている）八割の子を指導しています。というのも、**八割の気がついている人たちは、気がついているのに何も行動に移さなかったから**です。「今、手を挙げた君たちが、日直に声をかける、話している人たちに声をかけたら、朝の会は時間通りに始められたんじゃないかな。あなたたちが学級をよくしていくんだよ」と、指導します。

経験上、この「できている層」がお客様意識で受け身であることが多いです。このときも、彼らは「私はできているんで！」と誇らしげに手を挙げていました。その横で、できていなかった二割の子たちが「やばい、怒られる……」と反省しているのですが。

学級経営で大事なのは、この**八割の「できている層」に学級をつくっている当事者意識を**

持たせることです。この子たちには余力があります。気がついているけど、やっていないだけですから。自分は、怒られないように安全地帯で、座ってちゃんとしているのです。

逆に、二割の気がつけていない子たちを指導しても、次から気づけるようにはならないです。この子たちには余力がありません。ゆくゆくは気づけるようになってほしいですが、「気づきなさい」と言う指導は無理があるでしょう。まずは、まわりの子たちに助けてもらってできるようになればよいのです。

また、二割の子を指導しようとすると、個人攻撃になる可能性もあります。以前、先輩に教えてもらったのですが**「やればできる」という言葉に苦しめられている子もいます。**

これは、この言葉が「できていないのは、やっていないから」というメッセージを含んでいるからです。「できていない」ことには、様々な理由があります。努力不足の場合もありますが、そうではないこともあります。やってもできないことも当然あります。そして、それは人によって違うのです。

「Aさんができていることだから、Bさんもできるはずだ。Bさんができていないのは、努力が足りないからだ」という論理は非常に危険です。なぜなら、AさんとBさんは違う人間だからです。

大人だって、できていないこと（苦手なこと）を、「できていないのは、あなたの努力が足りないからだ」と求め続けられたらしんどいですよね。だから私は、「苦手なことを頑張れ」という指導はしません。一方で、苦手なことを頑張りたかったら、そのサポートはします（苦手を乗り越える方法を一緒に探していくというイメージで）。

もちろん、できていない子に求めていくことが必ずしも悪手ではありません（求める場合は、個別に本人と相談しながら、できる方法を一緒に探していくことが大事だと思っています）。しかし、まずは、できている子たちにもっと求めてよいのではないでしょうか。

このできている子たちに求めていく指導には、即効性があります。元々できている子たちなので、求められても、それに応えることは難しいことではないのでしょう。結果もすぐに出るので、**「自分たちがクラスをよくしたんだ」と貢献感を得やすい**です。

「できない」を「できる」に変えるのは時間がかかりますが、「やっていない」を「やる」に変えるのは時間はいりません。意識の問題だからです。

13

「ルールとは何のためにあるか」を一緒に考える

1、2年生までとは違い、3年生になると「なんでこんなルールがあるんだろう?」と考えることができるようになります。これは、教師への反発ではなく、**自分が集団の一員であることを自覚できているから**だと思います。

私は四月のはじめに「なぜルールがあるのか」を子どもたちに問いかけます。

例えば、「どうして廊下は走ってはいけないのか?」と質問します。すると、「怪我をしないため」「ぶつかって相手を怪我させないため」といった答えが返ってきます。このように**具体的な例を挙げることで、ルールがみんなにとって意味のあるものであることを実感できます。**

以前、私は先輩の先生から「ルールは子どもを縛るものではなく、子どもを守るものである」と教えていただきました。本当にその通りだと思います。「みんなが気持ちよく生活するためのルールであること」を子どもたちと共有できれば、彼らは集団の一員として、ルールを守ろうと考えるようになります。

すると、過度にルールに敏感になったり、ルールを破った子に対して過剰に攻撃したりすることが少なくなります。ルールを守ることは目的ではなく、手段だからです。こうして、子どもたちはルールを自分のこととして捉えることができるようになります。

14

大人の影響を受けやすい3年生に言葉の力を教える

良い意味でも悪い意味でも、大人の影響を受けやすい3年生。YouTubeで流行っている言葉は大好物。なかには、使ってほしくない言葉もあります。そして、それを授業中に何気なく使ってしまう子も。

以前、道徳の授業でこんな発言がありました。「『友達に○○と言われて嫌だった』と言われて、あなただったらどう返しますか？」という発問に「それってあなたの感想ですよね」と答えた子どもがいました。その瞬間、つい笑ってしまう子と、「これはまずい、先生が怒るんじゃないだろうか」と予想して顔が引きつる子と半々くらいでした。

私は、こういう場合、**怒るでも諭すでもなく、至って真面目に返す**ことにしています。「なるほど、確かにそういう発言が流行っているのかもしれないけれど、これを言われた人はどんな気持ちになるだろうか？」と。すると、子どもたちから、「言われた人は嫌だと思う」との発言が出ました。さらに、「どうして嫌なのだろうか？」と問い返しをしてみると、「相手を否定している」「相手の気持ちを考えていない」という発言が出ました。

たまたま、このときは「相手とわかり合って」という授業の主題にも迫ることができましたが、本題から外れても時間を取って構わないと思います。真面目に問い返すことで、「この言葉はどういう意味を持つのだろうか」と言葉について、考えるきっかけになってくれます。

15

他人が嫌なことは他人にしない

「自分がされて嫌なことは他人にしてはいけません」という言葉を聞いたことはありますか？　でも、本当は「他人が嫌なことは他人にしない」だと捉えています。

嫌なことって人によって違いますからね。自分は嫌じゃなくても、他人にとっては嫌なことって結構あります。そんなときに「え、僕は嫌じゃないけど」と言っていたら、他人との集団生活は成り立ちません。

では、なぜ「自分が嫌なことは他人にしない」という言葉を小さい子に教えるかというと、その方がわかりやすいからでしょう。一般的に、他人の気持ちがわかるのは、4～6歳頃と言われています（心の理論）。そのくらいの年齢になるまでの子に「他人が嫌なことは他人にしない」と言っても理解できないので、「自分が嫌なことは他人にしない」と伝えているのでしょう。

3年生にもなれば、相手の気持ちを想像することや、自分と相手の感じ方が違うことは十分理解できるはずです。だから、冒頭の話はそのまま3年生に伝えています。**相手をよく見て、相手が何を考え、どう感じているのか、その想像を大切にすることでしか、みんなが気持ちよく生活できる学級はつくれません。**

この話は、「いじり」や「ちょっかい」「からかい」の話にも通じます。3年生くらいになると、このようなコミュニケーションを取ろうとする子がいます。これらの行為は、相手が嫌な気持ちになれば「いじめ」です。だからこそ、この行為を放っておくわけにはいきません。

　では、教師はどのような対応をするのがよいのでしょうか。

　全部禁止にするのも、一つの方法だとは思います。ただ、これらのコミュニケーションの方法は、（良し悪しは置いておいて）テレビやYouTube等で当たり前に行われているので、避けて通れないでしょう。教室の場で禁止にしても、目の届かないところで、もしくは成長したときに、これらのコミュニケーション方法をとることがあると考えられます。ですので、**これらの行動にどんなリスクがあるのかを、大人として伝えていく必要があります。**

　私は、「いじる」「ちょっかいを出す」「からかう」などの行為を見かけたら、声をかけます。している人たちを呼んで、次のような話をします。

「楽しそうでいいんだけど、いじられている○○さんが、本当に楽しんでいるか見てね。笑っていても、嫌がっている場合もあるからね。いじるっていうのは、相手が嫌がっていたらいじめだからね。いじっちゃダメとは言わないけれど、すごく難しいコミュニケーションの方法だから、相手をよく見て気をつけていじってください」

これらの行動は、相手がどう思うかがすべてです。相手も一緒にコミュニケーションを楽しんでいるときもあるでしょうし、そうでないこともあります。一見、楽しそうでも、そうでないこともあります。ケースバイケースですが、どんな場合にせよ、教師は注意深く見守る必要があります。

同じ子がいじられ続け、そこに上下関係が存在しているような気配を察した場合は、もっと介入した方がよいでしょう。**「自分の行動で相手がどう感じるかを考える」のは、学校のような集団生活で学ぶべきこと**です。

その意味で言えば、「下ネタ」も同様です。3年生頃から大きな声で下ネタを言って楽しむ子が出てくることがあります。

そのような子を見かけたときは、「あなたやあなたのまわりの友達は楽しいのかもしれないが、その言葉を嫌に感じる人もいます。みんなに聞こえるように言うのはやめてください」と伝えています。大切なのは、自分の発言や行動が他人にどう届くかを想像することです。

これは、インターネット上でも大切なことです。まずは身の回りから、他者の気持ちを想像する経験ができるように、教師が導いていく必要があると感じています。

16

行動は否定するけれど人格は否定しない

物事の善悪の基準が不明瞭なのか、3年生が軽い気持ちで、問題行動を起こしてしまうことがあります。一例を挙げると、友達を誘って「あの子を無視しよう」などといじめをしてしまう子もいます。元々、仲の良い友達だったのに、些細な理由（一緒に帰る約束をしていたのに、先に帰ってしまった等）でいじめをしてしまうパターンです。「自分の行動がどういう結果を生むのか」を想像する力が弱いのかもしれません。逆に、大人が正しく介入すれば、元通り（前以上に）仲良くなることも多いのが3年生の特徴だと考えられます。ですので、問題行動を起こした子に対して、しっかり指導すべきです。

また、これは子どもたちにも伝えていることですが、**3年生のうちにたくさん叱られたらよい**と思っています。だって、まだ十年も生きていないのです。間違えることもたくさんあるでしょう。

大切なのは、そこでちゃんと叱られることです。間違いを誤魔化したり、嘘をついて逃げたりして、叱られないことの方が問題です。そして、「君たちが悪いことをしたら叱るけれども、あなたたちのことを嫌いになるわけじゃない。だから、悪いことをしてしまったと思ったら正直に言うんだよ、ちゃんと叱ってあげるから」と伝えています。行動は否定するけれど、人格は否定しないというやつです。

17

行動の裏にある背景を探る

「先生、Aさんにハゲって言われました」と報告しに来てくれた坊主の子（Bさん）がいました。これは良くない！と思って、Aさんを呼んで「Bさんにハゲって言ったの？」と聞いたら、「うん、言った。『ハゲにしたんだね』って言った」と。よくよく話を聞くと、「坊主にしたんだね」と言いたかったらしく、悪気があって「ハゲ」と言ったわけではなかったようです。ちゃんと話を聞いてよかったと思う瞬間です。

その後、Bさんに、なぜAさんが「ハゲ」という言葉を使ってしまったのかを説明しました。「坊主」と言いたかったこと。悪気があって「ハゲ」と言ったわけではないこと。Bさんは納得してくれましたし、ちょっとほっとしたのか、笑っていました。

3年生は、行動だけ見ると、ギョッとするような行動を取ることがあります。でも、なぜその行動を取ったのか、気持ちを聞いてみると「なるほど」と納得したり、ちょっと許せてしまったりすることもあります。

被害を受けた子には、ここまで伝えたいと思っています。「悪意ではなく、かまってほしかっただけ」など……。もちろん、理由はどうあれ、行動が許せないこともあるかもしれませんが、その**行動を起こした要因を教師は把握するべきですし、場合によっては、それが被害の子や親の安心につながる場合**もあります。

18

3年生が主役！　係活動のすすめ

3年生は、学校生活にも慣れ、様々なことができるようになってくる学年です。また、高学年ほど学校行事等に時間を取られないので、時間的にも余裕があります。個人的には、中学年が一番、係活動がしやすいと思っています。

私は、**係活動を「一人一役当番」と「会社」に分けています。** 一人一役当番とは、黒板係（授業が終わった後に黒板を消す係）など、やることが決まっている係のことです。集団生活を送る上で、誰かがその仕事をすることで、みんなが生活しやすくなるような活動です。

一方、「会社」は、やることが決まっておらず、自分たちで創意工夫をして、クラスをよりよくするために実施する活動です（マジック会社等）。「会社」という響きは、子どもたちにとっては、ちょっと大人になった気がするようで、意欲的に活動してくれることが多いです。

低学年では、一人一役当番のような当番活動がメインになってきますが、3年生からは、この「会社」のような係活動が本格的に始めやすい学年だと考えています。自分たちで活動の内容を考え、試行錯誤を繰り返す姿を見ていると、**子どもたちの成長において特別活動は大切**だと改めて感じます。

そんな係活動において、子どもたちが活動しやすいように、教師は何をすべきでしょうか。まず「どうやって係を決めるか」ですが、これには多様な方法があります。私も、毎年少しずつやり方を変えていますが、今は以下のような方法でやっています。

①事前に「一人一役当番」と「会社」の説明をして、どんな係があったらいいかを考える時間を取る。②まず一人一役当番を決める（方法は割愛）。③自分がやりたい会社（もしくは、どんな会社があったらクラスがよりよくなりそうか）を発表してもらう。④それぞれの会社でどんな取り組みをしたいかをやりたい人に発表してもらう。⑤やりたい会社に立候補する。⑥人数調整をする。

会社の活動ですが、基本は**子どもたちの「やりたい」をどう活かすかが重要**です。そのためにも、人数は三～五人がベストです。二人だと行き詰まってしまいますし、六人以上いると、「自分がいなくてもいい」と活動をしなくなる子がいるからです。そこで六人以上やりたい係が集まった場合は、音楽会社Aと音楽会社Bのように、会社を二つに分けて活動しています。「二人以下は、会社として成立しない」というルールも事前に伝えておいて、二人のところは他の似たような会社と合併してもらいます。

また、会社を決めた後のスタートが大切です。決めた直後に、授業として一時間取っています。そこで、**「何のための会社なのか、何を目指すのか」という会社の目標を決めることと、当面のスケジュールを決めることに時間を使っています。**スケジュールは、カレンダーを使うと、具体的なイメージが湧くようでおすすめです。

最初のスタートさえうまくいけば、あとは休み時間等を使って、子どもたちが自分たちで進めていけます。朝の会と帰りの会に「みんなに伝えたいこと」という時間の枠をつくっているので、企画を実施するときにはその時間に発表してもらっています。

ここで、今まで担任した3年生で実際にあった会社を紹介させてもらいます。

音楽会社は、「音楽でクラスのみんなを楽しませる」というコンセプトで活動していました。掃除の時間に音楽を流して掃除の時間を楽しく演出する、リコーダーがうまく吹けない人にリコーダー教室をする、音楽を楽しんでもらうために音楽スタンプラリーをする、など様々な活動をしてくれました。

また、チャンピオン会社というのもありました。「いろんな人のよさをみんなに伝える」というコンセプトのもと、忘れ物少ないチャンピオン、整理整頓チャンピオン、腕相撲チャンピオン、じゃんけんチャンピオンなど、様々な企画を実行し、クラスのいろんな人に光があたる活動をしてくれました。

「クラスをよりよくする」という目標に向かって、力を惜しみなく使ってくれる3年生。子どもたちが主体的に活躍できる場を設定することは、非常に大切ではないでしょうか。

19

失敗しても次につなげられる会社活動

会社の活動をするときに、私が大事にしているのは**「学びのある活動にする」**ことです。子どもたちにどんな会社をしたいかを聞くと、よく出てくるのが**「みんな遊び会社」**です。「みんな遊び」には賛否両論あるとは思いますが、基本どんな会社でも三人以上集まれば、OKにしています。まずは子どもの「やりたい」を優先しています。

ただ、みんな遊び会社が企画するのは、うまくいかないことが多いです。こちらが何も言わないと、一回目のみんな遊びは「ドッジボール」など、みんな遊び会社の子たちがやりたい遊びになります。ドッジボールは、得意な子は楽しいですが、苦手な子にとってはただ逃げるだけ。一回でも当たったら、もう当てられないから外野にいるだけ、という楽しくない遊びになってしまいます。

それでも私は、一回目のみんな遊びは、子どもたちに任せて見守るようにしています。ただし、終わった後に、みんな遊び会社を集めて**「みんな遊びって何のためにするの？」**や**「今日、〇〇さんは楽しそうだった？」と聞いて、自分たちの企画を振り返ってもらいます。**

この視点は、子どもたちだけでは気づかないことが多いです。しかし、視点に気がつけば、自分たちで次のみんな遊びの企画を工夫することができます。みんなからアンケートを取ったり、ルールを工夫したりと、クラス全員が楽しめるみんな遊びを企画してくれます。

20

決めたルールを見直す大切さ

一人一役当番や、掃除、給食当番など、集団で生活するには、子どもたちの力が必要です。四月当初に、この学年の子どもたちにはどんな方法がよいかと、職員室の先生たちと相談して、やり方を決める先生も多いでしょう。

私も、はじめは教師主導でやり方を提示します。特に四月の掃除や給食当番は「何をしたらいいかわからない」と動けないですし、時間もあまり取れないので、細かく教師が決めてしまうことが多いのが現状です。

ただ、この四月に決めた方法を一年間続けなくてもよいと思っています。子どもたちの様子に合わせて方法を変えていくことをおすすめします。四月の姿から成長し、集団としての力がついたのであれば、それに合わせた方法を子どもたちと相談しながら決めてもよいのではないか、という提案です。

例えば、**掃除の役割をこちらで指定せずに子どもたちに任せる方法。**掃除の場所も指定せずに、子どもたちに任せる方法等もありますね。給食当番も同様です。どこまで任せるのかを目の前の子どもたちに合わせて変えたらいいでしょう。「一人一役当番を廃止して、気がついた人が取り組む」システムに変えたこともあります。もちろん、一長一短ありますから、目の前の子どもたちにとって何がよいかを考えて、変えていくことを大切にしています。

21

「私たちがつくる学校」を意識するチャンスを逃がさない

私が勤務している学校では、代表委員を3年生以上の各クラスから選出していました。代表委員会とは、学校をよりよくするために何ができるかを話し合う児童会組織です。地域によって違うとは思いますが、3年生になると、このように学校全体に関わる機会が生まれます。このような機会があるのであれば、学校全体への意識を持つきっかけにしたいと思っています。

例えば、この代表委員を決めるときに、私は「選挙」の形式をとっています。代表委員がどういうものなのかを十分に説明した上で立候補を募り、投票してもらっています。立候補した子は、前に出て「○○小学校をどんな学校にしていきたいか、そのために自分は何をしていきたいか」のスピーチをします。これによって、子どもたちは学校全体に意識を向けることになります。3年生でも「廊下を走らない学校にしていきたい、まずは自分がちゃんと歩くことを意識する」や「いじめがない学校にしていきたい。そのために、一人でいる人に声をかけたい」などのスピーチをしてくれました。「友達がこんなことを考えている！」と思えたら、学校全体への意識を持つことができます。

まずは、**「自分は学級のメンバーの一人であり、自分が学級をつくっているんだ」ということから始まり、それが学級から学校に意識が広がっていくとよい**と考えています。

22

「やってみたい」気持ちを応援！ 企画・運営も任せてみよう

私の勤務している学校では、四月に「1年生を迎える会」があり、各学年六分以内の出し物をする時間があります。今までは、教師で企画・運営することが多かったのですが、なんでも「やってみたい」という気持ちが強い3年生を見て、企画・運営をしてもらうことにしました。とはいっても、全員で企画・運営するのは難しいので、各クラスから実行委員を募りました。子どもたちには「3年生全員でする出し物の中身を考えたい人は、昼休みに会議をするので集まってください」と声をかけました。

この実行委員制度、高学年ではよく用いるのですが、3年生では初めての試みだったので、どうなるか少し不安でした。それでも、休み時間にやる気満々で集まってくれた実行委員の子たちを見て、できるだけこの子たちの「やりたい」を実現させてあげたいと思いました。

結果から言えば、企画・運営を3年生に任せてよかったです。子どもたちが考えためあては「3年生全員で1年生を楽しませる」だったのですが、それを見事に実現した出し物になりましたし、実行委員の子たちの嬉しそうな表情が何より印象的でした。

意欲十分な3年生の頃から、**実行委員を経験して、やりがいを感じさせられたら、それは子どもたちの成長にとって大きな意味があります。**高学年からだと自分の可能性に蓋をしてしまう子もいますので……。

23

「わからない」をポジティブに――九歳の壁と向き合う――

九歳の壁という言葉を知っていますか？　小学校3～4年生の頃に、子どもたちがぶつかりやすいと言われている壁です。

低学年までは、具体的な内容の学習が多かったのですが、3年生頃から抽象的な学習も扱うようになり、学習につまずきやすくなります。また、発達的に自分のことを客観視できるようにもなり、他人と自分を比べて、「自分はできない」等の劣等感を抱きやすい時期でもあります。

これに対して、**「褒めればいい」という考え方もありますが、私はそうは思いません。**「褒める」という行為は、「できる・できない」の価値観の中で「できる」に焦点を当てた声かけです。その世界観の中では、褒められることで一時的に嬉しくなったとしても、結局は、できない自分を受け入れることができずに、劣等感を抱いてしまいます。この「できない」ことをどう受け入れていくかが、この壁につぶされないポイントではないでしょうか。

そこで、私は授業での「わからない」を大切にしています。「わからない」はどうしてもマイナスのイメージが強いです。しかし、本当にそうでしょうか。**「わからないこと」に出合うのは、そこに学ぶチャンスがあるということ**です。「わかっていること」ばかりの授業は、学んでいるとは言えません。わからないことに向き合う時間こそが、学ぶことの本質ではないでしょうか。

このような話を3年生にもしています。毎年、学級通信の第一号に「『わからないこと』に向き合える人間に」という題で、次のような文章を載せています。

「この学級通信には、まだ習っていない漢字が使われたり、難しい言葉が使われたりすることがあります。私が声に出して読みますが、意味のわからない言葉もあると思います。わからないことに出会ったときに、『わからないからいいや……』と諦めたり、わかったふりをしたりする人間にはならないでください。わからないことに出会うということは、そこに成長のチャンスがあるということです。『わからないこと』から逃げずに、『友達に聞く』『先生に聞く』『家の人に聞く』『辞書で調べる』『タブレットで調べる』など、自分から行動できる心の強さを身に付けてほしいと思います。自分にできることから始めましょう。『学びに向かう力』の一つです」

また、教室には、「わからないの達人になろう」という掲示物を掲げて、三段階の「わからない」を提示しています。

レベル1は**「わかっていないことがわかる」**です。レベル2は**「『わからないから教えて』と言える」**です。そしてレベル3は**「『ここがわからない』と言える」**です。

このように達人になろうと促し、そこまでのステップをレベルに分けて明示することで、「わからない」を肯定的に受け止められる教室の文化をつくっています。

さらに授業では、子どもたちの「わからない」を中心に進めることを意識しています。例えば、「わかった人？」とはなるべく聞かないようにしています。**「わからない人？」もしくは「困っている人？」と聞いています。**

こうやって、わかる人を中心に授業を進めるのではなく、わからない人を中心に授業を進めています。最近の教科書を見ると「問い」や「はてな」という言葉がキーワードとして登場します。この「問い」や「はてな」も「わからないこと」に似ていると思っています。

さて、「わからない子」を中心に授業を進めていると、保護者の方から、「教えてもらうばかりで他の子の迷惑になってないか……」と不安の声を聞くことがあります。友達の「わからない」に寄り添い、「どう伝えるべきか」に悩む学習は、教える側にとってマイナスにはなりえません。むしろ、**相手意識のある自分の考えをアウトプットする大切な機会**です。

このことを子どもたちにも保護者にも説明することで、「わからない」のマイナスイメージをなくすようにしています。「わからない」や「できない」にどう立ち向かっていくかを子どもたちが獲得できたら、九歳の壁も怖くないのではないでしょうか。

24

「教室の外に出る」という選択がもたらす新しい学び

抽象的な学習に移行し始める学年だからこそ、日常とのつながりや具体物も大事にしたいものです。好奇心旺盛な3年生にとって、教室の外で学ぶことは魅力がいっぱいです。

学校の敷地外に出かける校外学習は、担任の判断だけでは実施できませんが、学校の敷地内であれば教室の外に出て学習することは可能です。実際に理科や社会の学習は、元々教室の外で実施するものが多いです。「学校の中にある動植物を見つける」「屋上に上がって東西南北に何が見えるかを確認しに行く」など、様々な場面があります。

ただし、他の教科でも教室の外で学ぶ機会というのはつくれます。例えば、算数の長さや円の学習などです。「十センチを予想して歩いてみる」「百メートルを歩く時間を測ってみる」「円の導入で玉入れを実際にしてみる」……。これらは、実は教科書に載っている事例です（教育出版）。

算数は「教室でするもの」と思い込んでいる子どもたちにとっては、**学びを日常と結びつけるという意味でも、よい効果があります。**何より、子どもたちの姿が楽しそうです。

教室の外に出て学ぶのは、少しだけ手間のかかることかもしれません。しかし、子どもたちの学びのためにも、満足度を高めるためにも効果が高いはずです。

25

日常に潜む「見方・考え方」を言語化する大切さ

いろいろな研修で、「見方・考え方」の重要性が説かれるようになってきました。私も、非常に大切だと思います。

この「見方・考え方」は、実は意識しなくても働いています。例えば、理科で植物を観察したときに、自然と「色」に着目する子がいます。でも、それを強調するためにも、見方・考え方を言語化することが大事です（理科の教科書にも「色・形・大きさ」や「比べると」という言葉が何度も出てきます）。ちなみに、この「着目」という言葉も、3年生の漢字ドリルに載っていました。

私は「大切な見方・考え方」という言葉を使って、それに当てはまるものが出てきたら、教室に掲示していきました。おそらくその教科の専門の先生が見たら、「それは『見方・考え方』とは言えないんじゃない？」と思うような言葉もあるかもしれません。

それでも、子どもたちが大切だと考えているものは、とりあえず書くようにしています。算数でいうと、「図を使って考える」のようなことも書いています。

「『見方・考え方』は難しそうだから……」「3年生には、まだ早いんじゃない？」ではなく、**3年生の学習体験と合わせながら、伝えていくことが重要**です。言葉を知ることで、3年生でも見方・考え方をより一層、働かせることができるでしょう。

26

不要なつまずきを防ぐ支援を

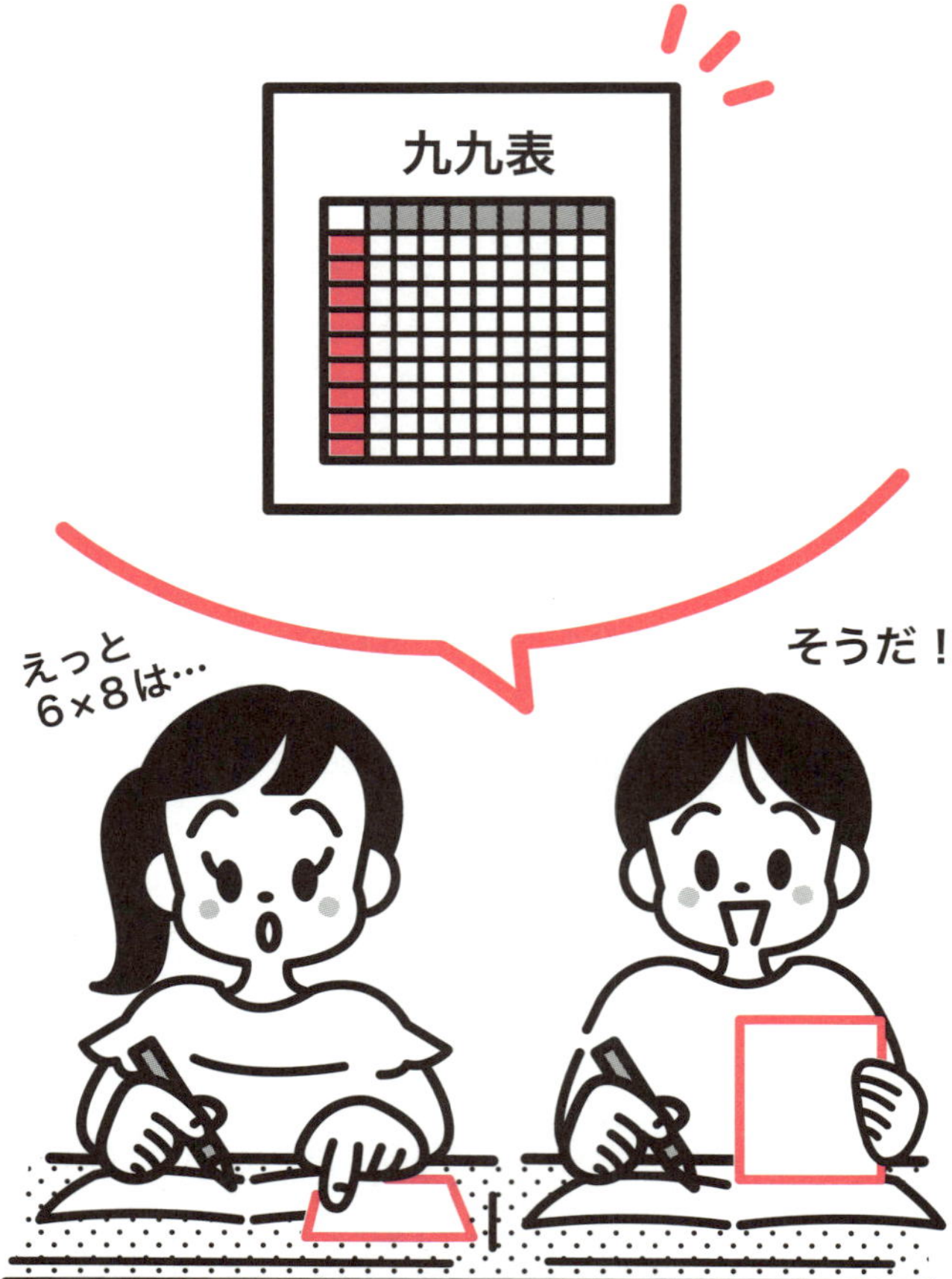

3年生に進級したからといって、2年生までの内容がしっかり学習されているかというと、そうでもありません。

例えば、九九。2年生の時点で、完璧に覚えられていない子、そのときは覚えていたのだけれど今はうろ覚えの子、多様な子どもがいる中で、「かけ算のきまり」や「わり算」の学習が始まります。これらの学習は、九九を覚えていないとスタート地点にすら立てません。

学習をしていく中で、つまずくことはありますし、**つまずきは「学び」において重要**です。しかし、不要なつまずきもあります。それが、「九九が覚えられていない」などの前学年までのつまずきです。

ここには、適切な教師の支援が必要です。私は、**九九表を配ることで支援しています。**今年度の私のクラスに「九九を覚えているか不安で、九九表が欲しい人いる?」と聞くと、クラスの半数が手を挙げていました。手を挙げた全員に配り、「必要なくなったら返してね」と伝えました。単元末のペーパーテストでも、「九九表」を使ってよいことにしています。

3年生で学ぶ単元の目標は「九九を覚える」ではないからです。

九九は覚えた方がいいに決まっています。でも、2年生で覚えられなかった九九が原因で、3年生の学習につまずく必要はありません。

27

使うタイミングを自分で決められるようにする

二学期の算数の「円」の学習では、子どもたちは新しい文房具「コンパス」を手に入れます。この学習に入る前に、子どもたちに「コンパスって何の道具?」と聞くと「円をかく道具」と答えてくれます。

この円の学習を通して、コンパスは「長さを写す道具」であることを理解し、使えるようになってほしいと考えています。この円の学習が終わった後も、子どもたちにはコンパスを常に持たせています。文房具を使うのは、子どもたちです。

「定規と同じようにコンパスをいつ使うかを決めるのはあなたたちだからね」と伝えています。コンパスを使うタイミングを自分で決められるようにするだけで、コンパスや円の理解が深まります。例えば、円の学習の後の単元に「三角形」があります。二等辺三角形や正三角形を作図するときに「コンパスが使える」と考えられるようになってほしいのです。

教師が「明日の持ち物はコンパスです」としてしまうと、よく理解していなくても、コンパスを使って二等辺三角形や正三角形を作図できてしまいます。そうではなく、**「今日の学習では、長さを写したいのだから、コンパスが使える」のような思考が大切だ**と考えています。なかには算数だけでなく、図工の時間に使う子も出てきます。コンパスはあくまで道具ですので、それを自由に使える環境を用意するのが、教師の仕事ではないでしょうか。

28

習熟に時間をかけるために知識を早めに教える

ローマ字を学ぶのは3年生の二学期が多いですが、少し早めの一学期に学習するのもおすすめです。というのも、**子どもたちの手元にはタブレットがあり、タイピングの学習も進めているから**です。

タイピングと同時並行でローマ字も学習した方が、効果が高いのは明白です（例えば、アルファベットの大文字と小文字がわかるだけでも、タイピングの指の位置を覚えやすくなります）。また、知識としてローマ字を学んだとしても、やはり習熟には時間がかかります。なので、できるだけ早く知識は伝えて、習熟に時間をかけることが重要です。

私の学校では、ローマ字のワークを一人一冊買いましたので、それを一学期から子どもたちのペースでどんどん進めてもらいました（タイピングとは違って、罫線の指導は必要です）。ローマ字の知識を先に学んで、タイピング練習に生かすことをねらいとしました。

今年度担当した子どもたちは、1、2年生でほとんどタイピングをしていなかったので、3年生がタイピングの本格的なスタートでした。そこでタイピングを練習するサイトを紹介し、自由に取り組んでもらっていました。授業でタブレットを使うときに、タイピングのスピードは非常に重要です。子どもたちが自分でタイピングを練習できる環境を用意することで、楽しく習熟に取り組むことができます。

29

辞書を日常に―調べる習慣を身に付ける―

3年生では国語辞典の使い方を学びます。新しく国語辞典を買う子もいます。せっかくなので、この国語辞典を使う機会を増やしたいところです。国語辞典は手元に置いておいて「いつでも調べていいよ」と子どもたちには伝えますが、こちらからの仕掛けも多少必要です。

国語の時間に限らず、**「先生、〇〇ってどういう意味ですか？」と聞かれたら「どういう意味か知りたかったら……？」と聞き返しています。**「意味を知りたいときは国語辞典を引けばいい」を、3年生のときに習慣化したいからです。

こちらから、問いかけることもあります。学級目標を決めるときには「そもそも『目標』って何だろう？」と問いかけています。子どもたちは思い思いの言葉を言いますので、その後に「国語辞典には何て書いてあるんだろうね？」と聞いています。

大人でも、そもそも「〇〇」ってどういう意味だろう？と考えたときに辞書を引くのと同じです。この取り組みをしていると、タブレットの使い方が堪能で、インターネットで調べる子もいます。それもOKです。国語辞典によって書いてあることが違うように、インターネットのページによっても書いてあることが違います。様々な媒体から意味を調べることで、その言葉への理解も深まっていきます。

30

テストの答え方を学ぶ！　3年生に必要なテストの進め方

1、2年生に比べて、3年生になると単元末に実施されるペーパーテストが増えます。理科と社会のテストが増えるからです。そして、これらのテストは子どもたちにとって初めての経験です。

初めて3年生を担任したときに、その意識がなく、高学年と同じようにテストをしたら、なぜか理科と社会のテストだけ点数が低かったのです。丸つけをしているときに気がつきましたが、答え方のミスが多いのが原因でした。学習の内容は理解しているようですが、答え方が間違っていたり、問題の意味が伝わっていなかったり……。

それからは、理科と社会のテストを初めて実施するときには、二つのコースをつくるようにしています。**一つは、自分でどんどん進めていくコース。もう一つは、教師と一緒にテストを進めていくコース**です。

後者を選んだ子には、私が前でテレビ画面にテストを映しながら、答え方を教えています。この「コースを選ぶ」ことを何度かすることで、子どもたちは段々と自分で進める力をつけていきます。三、四回もすれば、ほとんどの子たちが「自分で進めていく」コースを選ぶようになります。もちろん、「間違いから学ぶ」ことも大切ですが、今回は初めての教科にマイナスな印象を持たせないことを優先しました。

31

間違いから学ぶ力を育てる

先ほどはテストにおいて、不要な間違いを減らす方法を紹介しましたが、今回は「間違いから学ぶ」方法を紹介します。それは、**テストも自分で丸つけしてもらう方法**です。「テストはなるべく早く返却した方がいい」というのは、子どもたちに「何を間違えたのか」を把握してもらうためです。そこで、カラーテストが終わったら、子どもたちには机の上にテストと赤鉛筆だけを出して、答えを受け取りテストの丸つけをしてもらっています。そして、間違えたところは、正しい答えを書くのではなく、**「なぜ間違えたのか」「どうすればよかったのか」を書いてもらっています。**

これは、新潟の志田倫明先生の実践を参考にさせていただいています。こうすることで、テストをした直後に丸つけをして、間違いから学ぶことができるのです。

これは、3年生でも十分にできる活動です。もちろん、丸つけをした後は、提出してもらってこちらで丸つけの丸つけをします。間違っているのに正解にしてしまう。正解しているのに間違いにしてしまうケースはたくさんあります。また、記述式の丸つけなど、判断が難しい場合は保留にしてもらい、こちらで正誤の判断をします。3年生だと、つい出来心で間違いを消しゴムで消して、鉛筆で書き直し、丸にしてしまうこともあるでしょう。そうならないように、机の上を赤鉛筆だけにすることは徹底しています。

32

教室移動も教育の一部

3年生になると、教室を移動して授業する機会が増えます。子どもの実態や場合にもよりますが、毎回教師が全員を整列させて授業が始まってから移動するのは、3年生にとってももったいないと思います。授業時間が減りますし、子どもたちの考える力が育ちません。私は**「開始時間に移動先にいてね」とだけ伝えて教室移動をさせています。**そして、移動先の教室にいて、授業開始と同時にその日の授業に関係のある活動を始めることが多いです。

例えば、体育館で「表現」の体育をするとしたら、授業開始と同時に「猛獣狩り」というアクティビティをしています。うちのクラスの子どもたちは、この猛獣狩りが大好きで、すごく楽しそうに活動します。もちろん、四月の頃は授業開始時間に間に合わない子もいます。ただし、遅れてやってきて、みんながすごく楽しそうに活動していたら、その子たちは何を思うでしょうか。きっと「遅れなきゃよかった……」「次は間に合うように移動しよう」などと考えるのではないでしょうか。この**「授業開始と同時に何か楽しそうなことが始まる」という文化は、子どもたちが前向きに教室移動をする**ための手立ての一つになります。

「三十五分から授業が始まるから、三十分にはトイレに行って教室に行った方がいいな」などと自分で計画を立てるようになりますし、まだ教室にいる友達に「そろそろ行った方がいいんじゃない?」と声をかける子どもたちも増えていきます。

33

教師が子どもの役割を奪っていないか

「お手伝いしてくれる人～？」と聞いたときの反応がすさまじい3年生。クラスの半数以上が手を挙げてくれることもあります。大人の役に立ちたい、大人がやっていることをやってみたい等々、理由は様々だと思いますが、「お手伝い」が大好きな子が多いです。しかも、3年生になって、できることも着実に増えてきています。

私は、**子どもたちには教室のこと、クラス運営のことをどんどんやってもらっています。**「先生が楽をするため」と批判する方もおられるかもしれませんが、その分、教員にしかできないことに時間を回せます。

一例を挙げると、朝の新出漢字がそうです。いろいろな方法があるでしょうが、私のクラスは毎日二つの新出漢字を学んでいます。その**学習を進めるのは、漢字係**です。3年生で、できるか少し不安でしたが、やってみたら何の問題もなかったです。もちろん、私が進めることもできますが、漢字係の子どもが進めることで私は個別に支援ができます。また、教室にいられないときも、子どもたちだけで進めることもできます。

教師がやっても、子どもがやっても、差があまり出ない役割は、子どもたちに任せるべきです。いろいろなことに挑戦したい、やってみたい時期に実際にやってみることで、学ぶことは多いはずです。

34

担任不在の時間をチャンスに！

出張や休みなど、担任不在の時間があります。この時間に、何か問題が起きるのはできるだけ避けたいですよね。代わりに入ってくれた先生にも迷惑をかけてしまいますし、後日、自分がいなかったときの対応に追われるのは結構大変です。何かあったらどうしよう?という不安から、できるだけ休まないようにしよう、出張は入れないようにしようと思っている先生もいるかもしれません。

「担任がいない」という状況はピンチかもしれませんが、私はチャンスだとも思っています。**担任がいないときにこそ、クラスの真価は発揮される**からです。担任がいないときに、できていることは確実に子どもたちの力になっているはずですから。この考え方を、その日の朝に子どもたちと共有します。すると、子どもたちは、張り切って私を送り出してくれることが多いです。「こっちは大丈夫だから安心してね」のようにです。私のクラスは、担任がいないときも、グループの形で課題に取り組んでいます。担任がいなくても、まわりの友達に助けを求めやすくするためです。帰ってきた後に、代わりに入ってくれた先生に、お礼を言いに行くと、「すごい子どもたちですね、自分たちで協力して課題に取り組んでいましたよ」と言われることが多いです。言われた言葉は、そのまま子どもたちに伝えます。教室の外にいる大人からの客観的な評価は、子どもたちにとって励みになりますので。

35

「何のためにお楽しみ会をするの？」3年生の意識を変える問いかけ

学期末の終わりに、「お楽しみ会」をする学級も多いでしょう。何も手立てを打たずに学級会などで、「何をしたいか」を聞くと、「椅子取りゲーム」「ハンカチ落とし」などの定番のゲームや、「ドッジボール」などの休み時間に遊んでいる遊びが出てくることが多いです。これらの遊びを3年生ですると、一部の人たちだけが楽しいだけの遊びになってしまう可能性が高いです（低学年のときは、これらの遊びでも十分に楽しかった可能性はあります）。

そこで、必ず学級会のはじめに「何のためにお楽しみ会をするのか」を話し合ってもらっています。すると、「全員が仲良くなるために」や「全員にとって楽しい思い出になるように」などの意見が出てきます。大切なのは、この**「全員」という視点**です。これらがそのまま、お楽しみ会の「めあて」になります。

この「めあて」があることで、「ドッジボールなどの一部の得意な子だけが楽しい遊びは、お楽しみ会としてはふさわしくない」といった意見が出てきます。もしくは、ドッジボールをするにしても「ルールを工夫して、全員が（投げるのが苦手な子でも）楽しめるドッジボールにしよう」という話し合いに進んでいきます。この「全員が楽しいお楽しみ会にするために」という視点を共有することが、学級経営において非常に重要です。

また、アイデアを出してもらう前に、過去にやったお楽しみ会や他のクラスでやっているお楽しみ会のアイデアを教師側から出しています。お化け屋敷や水遊び、お祭りなど、子どもたちが「こんなことできるの？」と思えるアイデアを紹介しています。そうすることで、子どもたちからも豊かなアイデアを引き出すことができます。全員が楽しいお楽しみ会にするためにも、**めあての共有やアイデアの提案は教師の役目**だと思います。

最初のきっかけさえクリアしてしまえば、3年生の子どもたちはすごく様々なアイデアを出してくれます。「こんなことをしていいんだ」と思える例があるだけで、子どもたちはより豊かなアイデアを提示してくれます。はじめは、枠組みがある方が、アイデアを出しやすいので、私のクラスでは一学期に「お祭り」系のお楽しみ会をすることが多いです。「お店役」と「お客さん役」を前半、後半で入れ替え制にして楽しむ行事です。

1、2年生の生活科で実施していることが多いので、イメージが湧きやすく、自由に取り組んでくれます。「どんな屋台がしたい？」と聞けば、射的、金魚すくい、的当て、プログラミングゲーム、黒板アート等々、定番のものからオリジナルなものまで、たくさんのアイデアが出てきます。自分たちのやりたい屋台を選んで準備の時間を取れば、子どもたちは協力して工夫を重ね、取り組んでくれます。定番のものでも、それをどう実現していくかを考えるのは、非常に楽しいようです。

こうして、自分たちの「やりたい！」を実現する場をつくることができれば、子どもたちのアイデアは加速していきます。子どもたちにも、四月の段階で「皆さんがやりたいと思うことを実現させるのが、大人の役目だと思っています。クラスをよくするために、何かやりたいことがあれば、ぜひ言ってください。できるだけ実現させます」という話をしていますが、この実現を目の前にして、**「本当に先生はやってくれる！」と思う**みたいです。

同じ学校に何年かいると、ありがたいことに兄弟姉妹から伝わることもあるようで、「先生は、お祭りさせてくれるんやろ？」と言われることもありました。

実際に、私が担当した3年生は、「ハロウィンに仮装をしてファッションショーをしたい」や「年末にM‐1グランプリがやりたい」「一月二十三日に、1・2・3パーティーがやりたい」など、こちらの予想を超えてくる提案をしてくれました。

ちなみにこのときは、「1・2・3と言えば、アントニオ猪木さんですね」と伝え、アントニオ猪木さんにまつわる1・2・3ダーパーティーをしたこともあります。1・2・3バスケットという企画は大変面白かったです。「いくぞーー！　1・2・3ダー」とみんなで叫んでフルーツバスケットをしました。

36

「勝ち負け」だけじゃない——学校行事で育てる学びの姿勢——

コロナ禍を機に、学校行事は減少しました。それでも、運動会等でクラス対抗のリレーや、団体競技（台風の目など）が行われている学校も少なくないでしょう。SNS等で、「全員強制参加の学校行事はやめるべきだ」のような意見を見ることもあります。

確かに、学校行事のせいでつらい思いをする子が出るのは避けたいです。学校行事の是非を問うことや、精選することは必要だと思いますが、現実として全員参加の学校行事があるのならば、それにどう取り組むかは非常に重要だと考えます。

学校行事で一番大切なのは、**すべての子どもにとって学びがあるかどうか**だと考えます。

全員リレーを一つの例として、取り組みを紹介します。

クラス対抗でリレーをすることが多いと思いますが、勝敗を結果にしてしまうと自分たちの成長が感じられにくいです。なので、**必ずタイムを測って、その「タイムをどれだけ縮められるか」という結果**にします。もちろん、子どもたちは他のクラスとの勝ち負けを気にします。それはそれでよいのですが、相手によらない自分たちの努力が直結する「タイム」という指標を用意することが大切です。

さらに、リレーの練習をしやすい環境をつくります。バトンパスの仕方、バトンパスの練習方法は、授業でしっかり教えますし、バトンの代わりになるラップの芯を教室に置いておきます。教えるべきことをしっかり教えた後は、次の言葉を紹介して、休み時間等に練習をするかどうかは子どもたちに任せています。

「努力して結果が出ると、自信になる。努力せず結果が出ると、おごりになる。努力せず結果も出ないと、後悔が残る。努力して結果が出ないとしても、経験が残る」

学校行事では、**結果よりも過程も大事にしたい**ところです。練習を全然していないのに、リレーで優勝したり、タイムが縮まったりすることは、子どもの学びになりません。練習していないのであれば、私は他のクラスに負けたらいいと思っています（タイムもあまり縮まらなくていいです）。自分のクラスの子どもたちが練習していないのであれば、練習している他のクラスの子にアドバイスをすることもあります。「あのとき、もっと練習すればよかった」と後悔するのも学びです。「子どもたちが練習をしない」という選択をしたのであれば、それはそれでよいと思っています。

例年、クラスの一部（少数派）の子たちが練習をし始めます。このときは、この子たちの肩を持ち、一緒に練習をします。バトンパスは、やればやるだけ「うまくなった！」という実感が出てきます。その子たちの満足そうな表情を見て、少しずつ他の子たちも練習しようかという気持ちが出てきます。

時に、練習をしない子を責める子が出てきます。大体は、みんなが練習するようになって自分が多数派に回ったときに、少数派を責め始めることが多いです。

そんなとき私は、練習をしない子の肩を持ちます。少数派の側に立つことは、私が学級経営で大切にしていることの一つです。**練習しない子を責めるのではなく、どうすれば気持ちよく一緒に練習に参加しようと思うかを考えさせます。**これも、子どもたちに必要な学びです。その子はどうして練習しないのかを想像し、その子の気持ちに寄り添い、声をかける。結果、練習に参加しなかったとしても、その過程が学びになります。

本番を迎え、どんな結果だったとしても、「努力して結果が出ると……」の言葉を再び伝え、「皆さんの中には何が残りましたか？」と問います。自信や後悔、経験が残れば、それは行事を通して子どもたちが学んだということです。過去には、本番にバトンを落としてしまった子、転んでしまった子など、様々な子がいました。どの子も涙を流していましたが、その涙には大きな価値があったと思っています。その逆に、ベストタイムが出たことをみんなで喜んで、涙を流した子もいました。この涙にも大きな価値がありました。

学校行事に向けてどう取り組むかで、学べるものが違います。子どもたちが選択をし、その結果の学びを感じてほしいと考えています。

37

行事が終わってからが本番！　学びを継続するクラスのつくり方

大きい行事が終わった後に、燃え尽き症候群のようになってしまっては、行事の意味がありません。先述したように、本番だけ頑張る行事に意味なんてないように、行事が終わって日常に学びが活きなければ、何の意味もありません。行事と日常がつながって、初めて学びとなります。これは、次のような話で子どもたちにも伝えています。

「リレーで走るのが苦手な人の気持ちに寄り添って声をかけられたのなら、普段の教室でも、困っている人がいたら声をかけられるはずです。相手の気持ちに寄り添う大切さを学んだのなら、勉強がわからない人の気持ちに寄り添って、教えられるはずです」

「ベストタイムを出して優勝したクラスが、掃除をサボって遊んでいたら……。時間を守っていなかったら……。リレーだけ頑張るクラスでいいのでしょうか」

もちろん、これらは行事が終わってから話すのではなく、**行事に向かって努力しているモチベーションの高い最中に話をしていくのがよい**でしょう。

例えば、昼休みにリレーの練習をするとしたら、給食の準備や後片付けをどれだけ早くできるかで、練習時間の多さが決まります。自分から声をかけられるかどうかで、クラス全体の雰囲気は変わります。行事と日常が結びついていることを、子どもたちに意識づけをすることが、教師の役割の一つだと考えています。

38

子どもの流行にアンテナを立てる

一緒にいる時間が長かったり、自分と共通点が多かったりすると、大人同士でも親近感が湧くものです。学級も同じ。低学年と比べて少しずつ心が成長してきている子どもたちは、「ねえ先生、これ知ってる?」と様子をうかがってくることがあります。子ども同士で流行っていることを先生は知っているか、興味を持ってくれるかと試している場合もあれば、単純に自分たちの好きなものを知ってほしいと思っている場合など、根底には先生との共通項を増やしたいという思いがあるのではないでしょうか。

こういった話題は、テレビやインターネット、ショッピングセンターの売り場など、日常生活の多くの場面で目に入ってきます。あらかじめ見知った情報であれば、「○○のキャラクター?」など少しのことでも反応すれば、「先生は知ってくれているんだ!」と子どもの安心感や親近感は増すことでしょう。**流行っているアニメは、あらすじだけでも知っておくと話が弾みます。**もし全く知らない場合には、「知らなかったから教えてくれる?」と正直に伝えれば、嬉々として教えてくれるでしょう。また、キャラクターものを身につけることも一つの手です。キャラクターがあしらわれたアイテムは、実用性が高く安価なものが多いです。給食時間用のエプロンやお箸、筆記用具やシールなど、決まったキャラクターのもので揃えておくと、「キャラ付け」にもなり、おすすめです。

39

称号を与える

褒められると素直に喜ぶことができ、そのことに向かってさらに自分を高めることができるという姿が下の学年ほど多いのですが、中学年になり褒められることにも慣れてきた彼らには、褒め方のバリエーションは多ければ多いほどよいと思います。アニメや漫画、ゲームなど様々な場面で登場する『称号』には、子どもがもっと見たい、もっとやりたい、などの「○○したい」と思うようなワクワクするきっかけが詰まっています。

そこで、授業時間、給食の時間、掃除の時間、係活動、朝の会や帰りの会など、すべての時間で、**褒めたいと感じられるような学級の手本になる行動や言動に対して『称号』をプレゼントします。**「名人」「マスター」「勇者」「プロ」「達人」「専門家」「王」など、場面によって様々ですが、自分もそうなりたいと思えるような名前や「○○に任命しよう！」「さすがすぎる！　○○だね」と強調した言い方をすることで、より言葉の重みや行動のよさを明確に感じられるのではないでしょうか。

授業時間の場合、「聞き方名人」「話し方名人」はよくありますが、これのいいところは何より基準がわかりやすいところです。聞き方名人ならば、「相手を見て」「一生懸命」「頷きながら」「笑顔で」「終わりまで」など、相手意識を持っていることが視覚的にも伝わるような基準を子どもと共有していれば、こんな姿で頑張っているからあの子は聞き方名人だな、と自然と前向きに受け止められます。

掃除の時間の頑張り方については、中学年になって掃除の範囲が教室からより離れたところに割り振られたりすることになり、目の届かないところになってきます。そのため、担任自身で掃除場所を回り、限られた時間の中ではありますが「時間ぴったりにスタートできている」「すみずみまで綺麗にしようと努力している」「てきぱき自分から動けている」など、**見る視点を決めて称号をこっそり伝えたり、写真や動画で撮って教室で紹介したり、その子に合わせて褒めていきます。**「紹介してもいいよ」と子どもの方から言ってくることもあれば、「みんなに見せるのは恥ずかしいから絶対にやめてほしい」という子もいるので、そこは注意が必要です。

給食の時間には、食べきれる量に調整するために量の「減らし」をすると、どうしてもおかずやご飯が余ってしまうことがあります。そんなとき、そのまま放っておくと余っても仕方ないかと諦めてしまうことがありますが、「ごはん王子」「○○おかずの勇者」など食べられるものを助ける救世主として伝えると、もうちょっと食べてみようかなと食べ物を大切にしようとする気持ちが芽生えることもあります。

係活動や当番活動の中では、クラスを盛り上げてくれる行動やキラッと光る姿として、称号を使って紹介することもあります。子どもに任せることが第一の活動ではありますが、すべてうまくいくと思わず、**こんな頑張り方がかっこいいのだなとモデルとして示す**ことができます。

また、手本となる子どもを示す場合だけでなく、授業のめあてや学習の目標の中で使うこともあります。「○○ができるようになろう」だけでも、学習に向かうことが目的だと考えればそれで十分なのですが、「○○のプロになろう」と言い換えるだけで、「プロになりたい！」と意気込んでくれることがあります。些細な言葉遊びのように思えますが、**それだけで気持ちが変わることも事実**です。ぜひ、クラスの子どもの気持ちを乗せる言葉をいろいろと試してみてください。

そして、どの場合でも注意したいのが、結果としてよい状態で頑張ることができている子、教師の思う理想の姿でいる子を強調しすぎて、思っていても表現することが難しかったり苦手意識を持っていたりする子どもを苦しめてしまうことです。

苦手なことや難しいことに対して頑張ろうとしている過程にいる子や、その子なりに一生懸命取り組んでいるかもしれない子、そのときそのときによって子どもの抱えていることに思いを巡らせることも必要です。

40

ハンドサインを活用する

中学年になると、これまで以上にまわりの目が気になったり、正しい答えかどうか不安になったりして、なかなか手を挙げることが難しくなってきます。なんだかいつも同じ人ばかり手を挙げているなあと感じること、ありませんか。

「どんなことでもいいから、手を挙げてごらん」とは言うものの、それで簡単に手が挙げられるなら最初から挙げられるよ、と思っている子どもは少なくないかもしれません。

そんなとき、**「選択肢のある挙手」**がいいかもしれません。考える負担が減り、どこかに手を挙げれば仲間がいるという安心感もあります。これであれば、自信がなかったり迷いがあったりする子どもも、授業に参加するハードルが下がるのではないでしょうか。

その伏線としては、まず学級開きでの教師の自己紹介の中で先生クイズを出題し、三択のうち正解だと思ったものをそれぞれグーチョキパーの手のサインで答えてもらいます。

人によって予想や考え方が違うことも、どの手の挙げ方をしても、とにかく手を挙げることができたことが素晴らしい！と褒めるきっかけになります。学級開きが済んでいる場合は、授業の導入などで、どの答えか迷ってしまいそうな場面を設定してもよいでしょう。

そのような場面で迷いながらも、選択肢の中で一つに絞って手の形を作る体験を通して、自分の考えを示すことやまわりもみんな挙げていることに安心感を持つことができます。

しかし、毎回クイズにするわけにはいきません。第一に考えておきたいのは、**挙手を求めるときの前後の発問や指示の出し方に、不安を持たせることや自信が持てないような内容がないか**です。自分自身よく反省するのですが、クラスの半数も手が挙がらない発問は、自分の説明がわかりにくかったか、クラスの実態に合っていなかったかのどちらかです。ですから、次に考えたいのは、普段の彼らが安心して反応したくなるような授業づくりです。

それでも挙手の有無は、教室全体を見通してクラスの理解度や授業の参加の仕方が一目でわかり、主体的なコミュニケーションを促す手段となります。また、サインの意味や合言葉は、クラスによって必要なものに変えてもいいでしょう。

グーは「同意（前の発表者の意見と同じ意見）」、チョキは「付け足し（前の発表者の意見に付け足したいこと）」、パーは「反対（前の発表者の意見と異なる意見）」、キツネサインは「まだ考え中」などです。このサインを使うよさは、**「前の発表者の意見」を聞いていなければ反応できない**ということ。友達の考えを聞いた上でリアクションすることは、話を聞いていますよという立場を示すためのマナーでもあります。

ハンドサインは、あくまでも聞き合うことと意思表示をすることを支援するためですから、そこから指名して無理に発表してもらうことはありません。それでも、**あえてサインを発表**

させるためのワンクッションとして使うこともできます。人前で話すのが恥ずかしかったり難しかったりすることはあるのだと全体に説明し、「その中で、発表してみようと思う人はいますか？」と尋ねれば、挙手することや意思表示をすることのハードルが下がって、次のステップに進みやすくなります。せっかく勇気を出して手を挙げたのに、それに教師が飛びついてしまって余計に次から手を挙げづらくなるということを避けるためにも、どんな気持ちで挙げているのか、その**些細な心の変化を見るための指標としてハンドサインを活用**できればいいでしょう。ハンドサインのシステムがスムーズに使えるようになれば、「質問」「共感」など、子どもの必要感に合わせてバリエーションを増やしたり、子どものアイデアでハンドサインの形を採用したりすることで授業を主体的にすることも可能です。

一部の子だけで進む授業のままでは、聞いているだけのお客さんができてしまいますが、ハンドサインを積極的に使うことを通して、「授業はクラスみんなでつくる」という意識も芽生えてくるでしょう。何のためにクラスの中で一緒に学習しているのか、何のためにハンドサインを使うのか、集団のよさと意見を交流するよさをそれぞれわかり合った上で取り組めば、形だけで終わらない意味のある活動になるはずです。

41

給食時間をワクワク食育に

給食時間に教師が取り組む内容は、子どもの実態や各学校の状況に応じて様々です。それでも、給食のよさを最も理解しているのは担任の教師。率先しておいしく食べている姿を見せることで、子どもたちに「もっと食べたい」と思わせたり、苦手なものでも「少しは食べてみようかな」と感じさせたいところです。例えば、栄養満点のレストランで「本日限定のランチ」をいただくという設定をつくり、給食が始まる前に**「今日のランチには◯◯が登場するらしいよ！　早く食べたいなあ」**といった一言をさりげなく呟いて、子どもたちの食欲をそそります。一方で、おかずの中には苦手な子もいるでしょう。

私の学級では、「自分で食べきれる量をよそう」という共通認識があるので、量を減らしに来る子もいます。そんなときは、「一口食べて、もっと食べたかったなと思ったら教えてね！」や「残りのおかず、先生が全部食べちゃいたいくらいおいしそうだなあ」と声をかけると、減らした子たちが「もしかしてもったいないことをしちゃったかな？」と思えるような素振りを見せます。そして、極めつけは**教師自身が食べているときの姿**です。「びっくりした、おいしい！」や「このサラダたまらないね」など、驚きを込めた食レポ風の一言を、あえて少し大げさに伝えます。こうして、教師が楽しんで食べる姿を見せることで、子どもたちも一緒に楽しい雰囲気で給食を食べることができるようになるかもしれません。

42

休み時間リサーチ

教師になりたての頃は、とにかく体を動かして、毎日本気で子どもたちと遊ぶことに力を注いできました。そのことで、外遊びや運動の好きな活発な子たちを中心に、みるみる距離が縮まり、自然とよりよい関係ができると思っていました。

そのことに大きな間違いはないでしょうが、クラスの中には様々なタイプの子どもがいることもまた事実。休み時間の過ごし方ひとつとっても、必ずと言っていいほど外に出て遊ぶ子もいれば、図書室で本を読んだり借りたりする子、中庭でのんびり散歩をしたい子、教室で係の仕事に励む子など、思い思いの過ごし方をしています。

そこで、休み時間ごとに、運動場、教室、図書室と、**教師の過ごす場所も毎回変えてみてはどうでしょうか。**休み時間には、休み時間にしか見られない子どもの姿を見ることができます。遊びに入ると、遊び方のこだわりや声のかけ方、子どもの表情がよくわかり、少し離れて俯瞰して見てみると、子ども同士の関係性などが見えてきます。

休み時間終わりの時間の使い方やトラブルの起き方なども、一緒に行動することで寄り添って考えられたり、子どもからも話しやすくなったりするでしょう。図書室に一緒に行くと、学級文庫用に借りる本を選んだり運んだりすることを手伝ってくれることもあります。学級で話題にしたい共通の大切なものが増えるので一石二鳥です。

43

リコーダーで「できた」を積み重ねる

3年生になって初めて登場するものの一つに、リコーダーがあります。子どもたちにリコーダーが特別なのは、鍵盤ハーモニカなどとは異なり、慣れるまでは押さえている指を確認しづらかったり、思った通りの音が出せなかったりと、楽器としてのハードルが高いところでしょう。

ハードルを下げるためには、**全員が取り組めることを増やし、「できた」を確実に積み重ねること**です。具体的には、学習の冒頭で一種類の音だけで曲になるものを取り入れます。さらに、曲が始まる前には必ずピアノで同じ音を鳴らし、「この音が鳴ったらこの曲」という心構えを持たせます。

私は地域の音楽教室の先生から教わった『笛星人』という曲を使っていましたが、教科書にも一音だけで作られた曲がいくつも載っています。クラスの子どもたちにハマる「おきまり」を見つけて、曲のスピードも遅くしたり速くしたりと、緩急をつけながら全員を巻き込んでいくといいでしょう。

一音の曲をクリアしたら、コマーシャルに出てくる流行の曲など、吹けるようになりたい、これなら吹けそうという気持ちになれる曲にチャレンジするのもありです。楽しい曲を通してさらに「できた」が増えれば、リコーダーとの出会いの一年はばっちりです！

44

お約束のメロディー

子どもたちに「切り替える」意識を持たせるには、目から入る情報がありますが、耳から入る情報も有効です。例えば、**「この音楽が聞こえてきたら次はこれをする」ということをルーティンにする**のです。そうすれば、指示や指導を繰り返さなくとも、子どもたちは自分から進んで動くことができます。

移動の前や帰りの会の前など、準備をしなければならないときに違うことをしている子がいたとき、普通ならつい口出ししてしまうところですが、ここで音楽を流すようにします。あらかじめ運動会の徒競走中に流すような疾走感のある曲を決めておき、**「曲が終わるまでに終わらせようね」と一言だけ伝えておく**わけです。

曲の長さは、子どもたちが普段その行動にかけている時間を踏まえてそれより少し長いくらいがちょうどよいでしょう。大切なのは、**「できた！」と達成感を持たせる**こと。

何度も繰り返し同じ曲をかけていると、どんな終わり方をする曲なのか、いかに曲の残り時間を余らせられたのかがわかってきます。そうすると、クラス全体の行動を早めるために自然と助け合う子どもが増えてきます。

注意事項が一つ。子どもたちが口ずさんでしまうくらい人気の曲を選ぶと、曲を聞く方に気持ちが行き過ぎてしまうので気をつけましょう。

45

先生と言えばこれ！というイメージで心を惹きつける

このごろの子どもたちは、いくつも習い事をしていたり、インターネットを通していろいろなことを見聞きしたりと、興味や関心の幅がとても広いように感じます。

一方で、実際に目の前にいる担任が、得意なことや好きなことをやってみせたり話して聞かせたりすることに対しては、純粋な好奇心を持って反応してくれる印象があります。私は、これまで培ってきたものや自分が少しでもできることは、子どもたちに出し惜しみしないようにしています。

私自身は、長年音楽に携わってきたので、得意な楽器で朝の会や子どもの誕生日をお祝いしたりしています。また、絵をかくことも好きなので、子どものやりきったプリントや、節目のときの黒板にイラストをかいたりもしています。自分にとっては何気ないことの一つでも、**楽しみながらそれをやることで、子どもにとっては身近な憧れになる**のではないでしょうか。

毎朝ギターで伴奏をしながらみんなで歌を歌っている先生や、帰りの会で「今日のダジャレ」を必ず言っていた先生、似顔絵をサラッと描いてプレゼントできる先生など、得意を活かす先生もいれば、自分の好きなものや趣味を語ることも「らしさ」になりえます。熱い思いを持った生の語りや姿を、子どもを惹きつける武器にしてください。

46

見通しを持たせる

今、何を準備すればいいのか、今から何が始まるのか、今していることは何につながるのか、いつ授業が終わるのか……。そんな一つ一つのことに対して見通しが持てず不安な状態だと、こちらの想定以上に子どもは集中できなかったり、そわそわしてしまったりします。そうならないようにするためには、教師ははじめから子どもの気になることを想定して示しておくことが大事です。

まず、「今、何を準備すればいいのか」については、**ミニホワイトボードや電子黒板などよく目につくところに次の時間に必要なものをすべて書いておきます。**「教科書、ノート、筆箱」「教科書、リコーダー、筆箱」などと書きます。決まったセットであれば「三点セット」と決めておいて、「基本の三」「ミュージック三セット」など、クラスの中で伝わる暗号として伝えても面白いかもしれません。一つでもわからないものがある子がいる場合は、一年を通してすべて示すのが丁寧でしょう。場合によっては学習係などを決めておいて、全体に知らせる役割を持たせておくと安心です。

次に、「今から何が始まるのか」については、**教科によってルーティンを決まった形にして定着させるのがわかりやすい**です。算数の場合だと、「問題→めあて→自分で考える→みんなの考え→練習問題→まとめ→振り返り」というように、授業の流れがノートに書く流れに伴っていてわかりやすい傾向があります。同じように、他の教科でも、できるだけぶれずに同じ流れで授業の形をつくることで、安心して授業の流れに乗ることができます。

教科書によっては、その冒頭にノートの使い方や授業の進め方が書かれていることもあります。全員が持っている教科書だからこそ、見返せば同じことがいつでも確認できるのはとてもありがたいです。特別な行事があったりテストに取り組んだりなど、イレギュラーな授業の流れがある場合には、教室の前方にナンバリングして箇条書きにしておき、全員が見られるようにします。こうすることで、クラス全員が同じ方向に向かって安心して取り組むことができます。

また、「今していることは何につながるのか」については、**自分の現在地がわかるようにする**必要があります。授業の単元で言うと「何時間あるうちの何時間目の学習」ということを伝えます。そうすることで、子どもたちはこの内容を何時間かけてマスターするのかというイメージを持つことができます。単元計画や単元目標、評価基準についてははっきりと伝えておくこともあります。

「いつ授業が終わるのか」については、**今年度の学校の時程表を必ず子どもの目の届くところに貼っておきます。**あっという間に時間が過ぎて終わりの時間が気にならないという授業をするのが理想ではありますが、毎時間すべての子どもにとってそのような授業ができるとは限りません。

苦手だと感じている子からすると、何時までだから頑張ろうとゴールを見据えて取り組んでいるかもしれません。そんな子にとって、先が見通せないまま進むのは不安でしかないでしょう。だからといって、授業の途中に時間のことを聞かれてしまうと、集中して取り組んでいる他の子どものやる気を削いでしまう可能性もあります。そうならないためにも、時程表をわかりやすいところに貼り出したり、板書しておくことは子どもを安心させる支援になります。

授業では、あらゆる場面で、見通しが持てずに苦しむ子どもを生む可能性があります。目の前の子どもの実態に合わせて、その都度伝えるべきことは取捨選択しますが、全体を通して言えることは、誰にとっても安心して取り組めるような**ユニバーサルデザインの授業づくりをするという視点**です。

困っていたり立ち止まってしまっていたりする子はいないかを常に考えておくことで、少なくともクラスの土台を揃えて授業を進めていくことができます。

47

読み聞かせを取り入れる

読み聞かせと聞いて、どんなイメージを持たれるでしょうか。低学年までの子どもたちに向けて行うイメージでしょうか。あるいは、進んで読書をしたり国語が得意になったりすることをねらうイメージでしょうか。

地域によっては、本に親しむために読み聞かせのボランティアの方が来られることがあるかもしれません。私は、読み聞かせは担任自身がすることに意味があると考えます。

というのも、学級を束ねる担任が**一冊の本を読むことで、クラス全体のまとまりが生まれ、温かい一体感を生む**からです。もちろん3年生に限ったことではなく、どの学年に対しても有効なのですが、なかでも3年生だからこそ用いたい理由がいくつかあります。

一つ目は、**クラスの共通言語が生まれる**こと。絵本は絵に対して文の割合が少ないので、研ぎ澄まされた秀逸な言葉が登場します。そのため、出てきた言葉の中でも真似したくなる言葉がクラスのブームになったり、クラスを盛り上げる合言葉として使うことができたりします。同じ言葉を一緒に見ているからこそ、ページをめくる速度を変えたり、一呼吸おいて一緒に文字をなぞって読んだり、時には「次はどうなると思う?」などとクイズにしてみたりすると、より絵本をみんなで読み合う時間が楽しめます。

二つ目は、**子どもの好奇心や可能性を引き出す**こと。絵本というと、お話を楽しむような

「物語」の形をイメージされることが多いかもしれませんが、理科や社会に関連付けられるような身の回りの自然や文化的なものを題材にした、いわゆる「説明的文章」をまとめたものもたくさん世に出ています。そのような内容の学習をスタートさせたばかりの3年生であれば、教科の学習の中に絵本を取り入れることで、ゆとりと遊び心のある時間を持つことができるのではないでしょうか。

三つ目は、**聞く力が身に付く**こと。読み聞かせ自体が目的なので、これはおまけとも言えるのですが、元気いっぱいな子が多い学年や学級でも、絵本を前にすると自然と顔が上がり、落ち着いて耳を傾けてくれることが多いです。なのでこちらも、聞いてもらうために躍起になる必要もなく、子どもを無理に叱ったり止めたりすることもありません。絵本の時間を楽しみながら、「これが聞く時間なのだ」と体感させることができるなんて一石二鳥です。

絵本は読まれれば読まれるほど真価を発揮するので、ぜひ手に取ってほしいです。と言っても、忙しい中でどんな本を選べばよいのか迷われる方もいるでしょう。

一番よい選び方は、まずは図書館や書店でタイトルや表紙の絵を見てグッとくるものを手に取り、中身を確認して気に入ったものを選ぶことです。教室に取り入れるどんなものでもそうですが、やはり**教師が心惹かれたお気に入りは子どもの心にも響きます。**

「連休に見つけて面白かった絵本なんだけど、聞いてくれる？」と言おうものなら、「どんな本？」「早く聞きたい！」と子どもの方から読むのをせがんできます。反対に、すすめられたけどよさがあまりわからないな……と感じた本であれば、よほどのことがない限り読まない方がいいです。

読み聞かせする時間がなかなか取れないという方も、工夫次第で機会はつくれます。例えば、**時間を固定してしまう**方法。毎週金曜日の帰りの会などのように、曜日や時間をあらかじめ決めて子どもにも伝えておき、その時間になったら必ず読むというやり方です。決まっているからこそ、それに合わせて準備ができます。万が一忘れてしまっても子どもの方から時間を教えてくれますし、一週間のお楽しみの時間になります。

固定の予定は守れなさそう……という方は、関連する授業の導入、休み時間明けの授業のはじめ、朝の会や帰りの会など、ここぞというタイミングでどんどん読んでみるのもいいかもしれません。五分から十分で読める絵本が多いので、一日の間に意外とチャンスは転がっています。

48

間接的褒めでやる気を底上げ

大人でもそうですが、子どもは褒められることで認めてもらったと感じ、やる気を持って取り組めるようになったり、よい行動が強化されたりすることがあります。担任との関係や子ども同士の関係を深めるためにも、具体的に適切なタイミングで褒めることは子どもにとってよい栄養になることは間違いありません。

加えて、おすすめなのは間接的に褒めること。つまり、「校長先生がこう言ってくださっていたよ」というように、**第三者から好意的な目線を向けられて認めてもらっている**ことを伝えるのです。これはクラス内で完結する褒め合いとはまた異なり、集団としての自己肯定感が上がります。

間接的褒めのポイントは、褒めてもらったときに即時伝えることもいいですが、**ここで褒められるとさらにクラスとして高まっていけそうだと感じる場面を持つ**こと。そのためには、その場面を第三者に目撃してもらうようにします。その効果は絶大です。

実際、私の学級では子どもたちが校歌の歌声を四月に褒めてもらったことを何カ月も覚えていて、あの先生には校歌を褒めてもらったから……と思い返して一生懸命に歌う姿も見られたくらいです。ただ、いつもこれをやっていては、担任の先生は自分たちを褒めたいのではなく、他の先生に褒められたいのかなと誤解を生む可能性もあるのでやりすぎは注意です。

49

コツコツ手を動かす時間をつくる

3年生の子どもたちは、エネルギー溢れる元気いっぱいな一面がある反面、工作物を作るような手先を動かすことにかけては、落ち着いて向かうことができるよさもあります。これは、やるべきことがはっきりしていることもあり、迷わず素直に取り組むことができる時期だからでしょう。であれば、このよさをうまく取り入れましょう。

授業中でも「静」の活動と「動」の活動をこちらが意識してバランスよく取り入れることで、メリハリをつけていきます。こうすることで、子どもたちはエネルギーを発散しながら落ち着いた時間も体感的に学ぶことができます。

具体的には、国語の授業だと、**最初に「動」的な国語辞典の辞書引きバトルを三分間取り組んだ後、静かに三分間だけ視写に取り組む**などです。ゲームやネットなど短時間で楽しむことのできる刺激に慣れている子どもたちにとって、落ち着いて学習する集団の中で過ごす経験は学校だからこそできる貴重な時間です。動いて楽しく過ごす時間を保証しているからこそ、しーんと静かに黙々と集中する時間の気持ちよさが際立ちます。

「動」と「静」のどちらの時間も自分たちの力でつくり出しているのだということを認めていくことで、エネルギーの注ぎ方や集団としてまとまる感覚を身に付けていくことができます。

50

掲示物で学級をつくる

子どもたちは興味のあるなしにかかわらず、教室の掲示物を結構見ています。つまり、クラスで共有したい内容を皆が毎日見ているわけです。ということは、その在り方次第でよりよい学習環境をつくることができるのではないでしょうか。

主な掲示物としては、大きく分けて学習に関するもの、学級経営に関するものがあります。まず、学習の足跡として**授業の中で繰り返し出てくる言葉や、押さえたい内容を貼っておく**と、学力差に関係なく共有の武器になります。各教科の学習用語、例えば国語なら作文で使いたい言葉、算数なら公式や授業で出てきた考え方や意見などです。

特に、授業時間内に使ったものを活用したり、授業で出てきた言葉をその場で書き込んで残したり、掲示物を作る過程が子どもと一緒だと、より一層掲示する意図や経緯も子どもに伝わります。

また、学級経営に関するものとして、**係活動などの子どもの活動を共有するものやクラスの頑張りを可視化したもの**などがあります。子どもが作ったものを掲示するためには、スペースの確保が欠かせません。ここからここまでは使っていいよと示しておくことで、子どもたちも決められた範囲内で工夫して活動を広げることができます。クラスとして集団の肯定感を上げるためにできるようになったことや頑張ったこと、帰りの会のよいところ見つけのメモや集合写真を貼ったりすることもありました。

ここで押さえておきたいのは、掲示物には**「旬」「容量」がある**ということ。特に、「旬」は教師と子どもの心のあり様によって変わります。

一つの単元を通して同じことをじっくり考えさせたかったり、決まった型を貫きたかったりするときは貼り続けた方が効果はあります。一方で、情報がありすぎて混同したり、わかりづらかったりするようだと貼っていても逆効果です。子どもにとっても自分にとっても、容量オーバーにならない量を調整しながら残していきます。一人で考える時間にふと見上げるとかゆいところに手が届くような、**困ったときに「あ〜、あそこに書いてあったな」と自然と思い返せるような新鮮なもの**でありたいです。

どれだけ心に響く言葉や届けたい事柄を掲示していたとしても、今その掲示で何を伝えたいのかという意味合いが特になかったり、子どもの自己紹介カードや係の目標シートなどが全く同じ状態で何カ月も変わらなかったりすると、その掲示物は飾りどころか景色になってしまいます。子どもにどんな思いを持ってほしいか、どう育ってほしいかを教師が持っていれば、掲示物もただ場所を埋めるような形にはならないでしょう。

ＳＮＳなどでは、傍目に見ると映える掲示だと感じるものに目がいきますが、そんな掲示もっとその背景には、何のためにそうしているのかという意図があるはずです。その説明がされていて理解していればよいのですが、**見た目ばかり真似をして自分の教室に取り込むばかりだと少し危ない**です。クラスをまとめていくための手段のはずが、掲示をすること自体が目的となってしまうからです。これではただの教師の自己満足になってしまいます。

とはいえ、自分の教室に必要なものをアイデアとして取り入れる分にはいいと思います。ちなみに私は、**校内を散歩してみるのがおすすめ**です。同じ学校で働く先生であれば、どんな子がいてどんな実態だからその掲示にしたのか、背景や個性がよくわかります。知りたいことがあれば気軽に質問できますし、何より同じ教室で定点観測ができます。参考にしたい先生を見つけて、時期を変えて同じ場所から見せてもらうと、どんな変化があるかがよくわかります。

掲示物は森のように茂らせた教室がよいと教わったことがあります。緑が青々として活力のある森は、しっかりと手入れがされています。人と人で生活している以上、一緒に過ごすクラスをつくっているのだという思いを、教師も子どももお互いに持ち合って、よりよい空間をつくっていきましょう。

51

たくさん目を動かす

テンポよくどんどん動くものに対して、脳は活性化され集中力が研ぎ澄まされます。その典型例が、フラッシュカードです。**フラッシュカードは授業の冒頭に取り組むと、無理矢理感を押し付けることなくクラスの空気を授業モードに変えられる**ので私も重宝しています。九九などの簡単な復習問題や難読漢字、慣れるまでは悩まされるような問題など、いろいろバリエーションが作れるのもいいところです。どんな問題であっても時間内に平等に取り組めるよう、ストックをいくつか用意しておくといいでしょう。

クラスをまとめる方法としては、このような全員が一方向を向いている空気感をつくることもポイントとなります。**夢中になれる場を意図的につくっておくことで、これが「まとまる」という感覚なのだと活動しながら感じる**ことができます。「解きたい」「わかりたい」といった、高いモチベーションを持った雰囲気の中で記憶力や計算力、語彙力などが身に付くのでいいことずくめです。

他にも、一斉に目を動かして集中する方法としては、百マス計算や数字探しなどの**ビジョントレーニング**などもあります。これらは手元で行う活動ですが、眼球運動を通して認知能力を鍛えることができます。目だけでなく体も動かすなど、いろいろなやり方があるので、ぜひクラスに合ったやり方を見つけてみてください。

52

字は人を表す

デジタル化が進み、文字はすっかり入力する時代になってしまいましたが、人が書く機会はまだまだたくさんあります。字には人柄が表れると言います。なので私は、漢字ドリルを配るときは必ず**「字は丁寧に書いて損をすることはないよ」**と話します。

漢字を覚えるスピードに個人差はありますが、丁寧に書くか書かないかは自分で選ぶことができます。そこで「この先生は、丁寧に書こうとしている人を見てくれている」と思ってもらえるよう、**字の個人差を見極めた上で「その子にとっての丁寧さ」を評価して花丸をつけたり**しています。

これを徹底していると、「先生は字に厳しい」と言われることもありますが、子どもたちも本気になって字に向き合ってくれます。「まだやれるよ、もう一回!」と、何度も書き直したり、その後で花丸をつけると、「やったあ!」と喜んでいます。また、「このクラスは今まで先生が知っているクラスの中でも特に字が丁寧に書けるクラスだ」など、クラス全体の字の雰囲気を褒めることもあります。

個人はもちろん、クラスのカラーとして自信を持てるよう、根気強く花丸と言葉かけを続けることで、全体の意識を上げることができるのではないでしょうか。きっかけは外発的動機づけからでも、自分の整っている字を見て嫌な思いをすることはないはずです。

53

1年生に説明するとしたら？

どの学級、どの学年でも学力差などの個人差はつきものです。特に、3年生は教科の種類も単元も増えて難しくなる時期なので、同じ問題を一度解いただけですぐに理解できる子と理解するまでに時間がかかる子に分かれがちです。そんな時期だからこそ、私は子どもたちに、**人に理解してもらうための説明をする力をつける**ことを大切にしています。

自分が理解できればそれでいいのだと終わらせず、どうしてその結果に至ったのか説明することで、先に解けた子もアウトプットする力が身に付きます。一方で、同級生同士で教え合いをすることだけを続けると、どうしても上下関係ができてしまったり教え方のバリエーションが偏ってしまったりします。

そのため、教える側にも教えられる側にもならないような**第三者の「相手」を仮定する**のも一つの手です。例えば、相手を1年生と仮定してみます。3年生にとって1年生は、丁寧に教えてあげなければいけない妹弟のような存在です。そのため、やさしい言葉を使って具体的に説明する練習には、丁度いいのではないでしょうか。

どれだけ早く解けていても、使える言葉が限られていたり絵や図などが必要になったりと、説明することは自分で解くより難しいときがあります。学習内容によっては、実際に1年生に教えに行く活動を取り入れてみても面白いかもしれません。

54

教師が率先してワクワクする

すべての学習活動において、教師の姿がその環境の一部です。前に立つ一番身近な大人がどんな表情でどんな行動を取るのか、想像以上に子どもは敏感に見ていますし、モチベーションや行動の仕方に大きく関わります。そう考えると、**どんな活動であってもネガティブな感情が伝わるような姿ではなく、どうやって楽しむかを考えながら全力でワクワクする姿を見せていく**のが最適です。

例えば、今日楽しみなことを黒板に一言メッセージとして書き込んでおいて朝に出迎えたり、3年生で初めて学習する教科について楽しみになるような教材を仕込んでおいたり、勤務校ではすべての学年の中で一番多い校外学習について面白がりながら準備をしたり……。

どれも、実際に初めて3年生を持たせてもらったときにしていたことです。思い返すと、どうすれば子どもたちが楽しくワクワクしながら学校生活を送れるかを、いつも考えていました。そして、そんな自分にもワクワクするので、その姿を見ていた子どもたちもワクワクしながら学んでくれていたのかもしれないと感じます。

よく人間関係は鏡だと言われますが、担任とそのクラスの子どもたちこそ鏡の関係だと思います。極端な話、批判的で冷たく後ろ向きな姿の担任でいるよりも、肯定的で笑顔で前向きな姿の担任の方が、素敵な集団をつくる近道なのではないでしょうか。

55

褒める仕掛けをつくる

二：六：二の法則。好意的な層と中間層と反発する層ができる、「働きアリの法則」などとも言われています。クラスづくりに当てはめると、褒められたことを素直に受け取り、褒められる行動を増やしていこうとする子どもが多い3年生の特性を活かしたいところ。つまり、**そういった中間層にするために、教師側からそのきっかけとなる仕掛けを意識的に増やしていきます。**

そもそも、褒めることというのは、教師がよい行動を評価してよりよい方向に導くためのものです。また、個人を褒めるとその子の自己肯定感が高まり、集団を褒めると集団としての肯定感が高まり、「自分たちならできる」とまとまっていくことにつながると考えます。

例えば、始業式の一コマに教科書配りがあります。これも、あえて教科書置き場から動かさず、「今日配る教科書は〇〇室にある」とだけ伝えると、じゃあ取りに行かなきゃいけないねと誰かが気づきます。教師がお膳立てしてすべて用意しておけば、何も苦労せずクラス全員が教科書を手に入れることはできますが、**気づき、自分から動き、クラスのためにやり遂げたというストーリーができるだけで、それは立派な褒めるための材料**になります。褒めるための材料は、日常の中にたくさん隠れています。それをどう提示して子どもを褒めて認めるか、知らないうちに通り過ぎてしまうともったいないかもしれません。

56

時間を守る

誰しも共通のものさしとして守っているものに、「時間」があります。どの教室でも平等に確認でき、基準がわかりやすく、守ることができているかどうか一目でわかります。

また、社会に出ても必要な力として見られやすいため、教師としては時間の指導には厳しくなりがちです。遊びから帰ってくるのが遅くなって授業の開始が遅れたり、授業中に話を聞いていなくて他の子の時間を奪ってしまったりすると、つい注意してしまいます。

しかし、本当に気をつけたいのは、実は**「教師の時間」**です。というのも、**教師が子どもの時間をコントロールしてしまうことの方が圧倒的に長いから**です。必要以上に話が長かったり、授業の発問がうまくいかなくて時間を取りすぎてしまったり、準備物が足りなくて教室から離れて取りに行ったり……。なかでもよくあるのが、授業の延長。後半が収まりきれなくなって「もう少しだけ続きをやるよ」と延ばしてしまう……。

私も思い当たる節が多くて、恥ずかしくなります。しかしこの積み重ねは、子どもたちから「先生は時間を守るように注意するけど、自分は守っていない」と、信頼を失いかねません。さらには、時間は守らなくていいんじゃないかと勘違いさせてしまいます。

そうならないためにも、普段から教師も時間の使い方を意識しなければなりません。時間は、みんなで守るようにしていきましょう。

57

取り組みにクラス全体を巻き込む

児童会や委員会など、種類を問わず「一つの取り組み」を「クラス全員で」取り組む時間をつくることが大切です。というのも、**みんなが一つのものに向かって力を注ぐことを通して、集団が一つになる心地よさや何かをやり遂げる達成感を味わわせてあげたい**からです。

そのためには、どんな些細に思える活動でも、活動を通してみんなでどうなりたいのか、学級で目指す目標を共有することが必要です。まずは担任がクラスのボス的な存在になりきって、集団を引っ張り上げます。まだまだ当事者意識が弱い学年の子どもたちに、**聞いたことを丸投げするのでは、取り組みの価値や意図に気づかないままいつの間にか終わってしまう**からです。ただし、最後まで教師が旗を振ってやり続けるのでは、集団としての力は育ちません。そこで、代表委員や係などをはじめとした、元々ある役割を活用したりリーダーを決めたりと、その取り組みの中心となる子を複数決めます。孤軍奮闘せず仲間を増やすことが、クラス全体の熱を高める起爆剤になります。

自主学習ノートコンテストや自治体のチャレンジランキングなど、学校だけでなく学年で取り組んでいくものも、集団としての団結力を高める追加イベントとしておすすめします。

58

子どもの必要感からルールを決める

皆さんのクラスにルールはありますか？　学校や学年で決められているものや、これが当たり前だという前提で用意しているものなどいろいろあるでしょう。ただ、それらのルールについて、子どもたちは納得しているでしょうか。

担任は、ルールや約束を指導する際に、「なぜ、それをしなければならないのか」「どうしてそれが決まったのか」「それを守ることで、自分たちにどんないいことがあるのか」を、クラス全員にわかる言葉で説明する責任があります。その際に、万が一納得がいかない内容が出てきた場合には、**上から押さえるのではなく人と人とのやり取りとして、折り合いをつけられるような落としどころを見つける**努力をします。

言われたことを言われるがままに従う集団は、むしろ心配です。既に決まったことでも、子どもから出てきた不安や心配事に対して新たに決めることであっても、腑に落ちる説明や対話があった上で納得して進めていくべきです。

毎回教師が解決案を出せばつまずくことはないのかもしれませんが、**あえて失敗しながら自分たちで必要なことを決める力も身に付けさせていきたい**です。まだ全校を動かすような役割を持つ学年ではないですが、そのような自治的風土の土壌をつくることで、当事者意識を持って自分たちの学校生活を主体的に動かしていく集団を育てることができます。

59

学級通信をみんなで読む

学級通信は、保護者にクラスの様子を具体的に伝えたり、子どもと担任との結びつきを強めたりすることができる素晴らしいアイテムです。

学級通信を書くときに最初に悩むのは、保護者向けにするか子ども向けにするか。最終的には家庭へ届くわけですが、私は**クラスの子どもたちへのメッセージとして書くことが多い**です。伝えたいことをみんなで読み合ったり、考えたりすることが学級のまとまりにつながると考えています。

子どもたちが真っ先にかじりつくように読むのは、やはり写真と作文。写真が載っている通信は、クラスの一員だと強く感じたり仲間が紹介されていることを嬉しく思ったりするようで、自分が載っている載っていないにかかわらず反応してくれます。

また、子どもの書いた作文を通信で紹介することもあります。授業で取り組んだ学習の意見や感想、日記やテーマ作文などです。友達が書いた文章が通信に載ることで「○○さんの作文だ」と、書かれた友達のことを意識して一緒に喜び合えたり、「自分も紹介されてみんなに読んでもらいたい」とよさを真似たりすることで、集団としてよりよい方向に伸びていくように感じます。愛されていると感じられるようにすることも、一つのまとまりなのかもしれません。

60

学校行事への取り組み方を考える

運動会や音楽会などの学校行事に参加するのも三年目となる子どもたちに対し、他の様々な取り組みと同様に、**「せっかく参加するならどう取り組むべきか」を真剣に考える姿勢を促しています。**中学年になることで、低学年の後輩たちにどう見られたいか、学校を支えてくれている上級生たちのどんな点に注目しているかを意識することができるようになります。教師がその視点を与えたり、立ち止まって考えさせたりすることで、彼らが新たな気づきを得られる場面も多くあります。

ここで、教師が「参加しなければならないから」「毎年の恒例だから」といった姿勢だと、子どもたちが前述のような視点を持つことは難しいでしょう。むしろ「先生に言われたから」「決まりだから」という後ろ向きな態度になるかもしれません。そうしないためには、昨年度や一昨年度の先輩たちの行事写真や動画を見せたり、行事までのカウントダウンカレンダーを作成したりして、**行事に対するイメージや見通しを持たせる工夫が大切**です。

さらに、行事が終わった後にその意義をより具体的に感じられるよう、行事を通して「どんな自分になりたいのか」「どう成長したいのか」を言葉にして残すことも重要です。行事前と行事後の自分やクラスを振り返ったときに、「やりきってよかった」と思えるような、後悔のない取り組み方ができるよう、一人ひとりをサポートしていきたいですね。

おわりに

私は、三校目で初めて3年生担任を受け持たせていただきました。どなたにとってもそうだと思いますが、初めて受け持つ学年は新鮮で、ドキドキすると同時に不安なこともあるかと思います。また、経験年数やこれまで持ってきた学年にかかわらず、この学年でスタートする一年間は唯一無二の時間で、その子どもたちにとってはすべてが初めてなのですから、かけがえのないものです。

本書を読んでいただいた皆さんの中にはきっと、学年が決まって準備の一つとしてお読みいただいた方もおられるかと思います。準備はどれほどしてもしすぎることはないですし、3年生としての学年の特徴をつかんで指導に当たる心構えを持っておられることが素晴らしいと思います。ただ、そうかと思えば、3年生はこういうものなのだと枠に当てはめてしまってもよくありません。

本書は3年生の担任として、より前向きに、より子どもたちの子どもらしさを尊重して、より子どもたちが持っている力を最大限に引き出せるようにして書かせていただきました。書き始める前には、共著者の益田雄大先生とそれぞれお互いに関わってきた3年生の子どもたちを思い浮かべ、共同編集のできるアプリや通話を通して共有し合いながら進めました。

似たようなことが出てくるのかと思いきや、自分が受け持った子どもたちの「らしさ」を伝え合うこともありました。それが二人で書かせてもらったよさでもあります。また、皆さんの目の前にいる子どもたちに合った形は、読まれている皆さんの数だけあるのだと実感した瞬間でもありました。

3年生に対する印象や指導に関する意見は、読まれた方によってこの本の内容と異なることもあったかもしれませんが、それこそ生身の一人ひとりの人間と関わる仕事だからこそで、この仕事の面白さだと思います。

特に3年生は中学年の節目として、学習内容が大きく変わる学年ですが、それぞれの学年で教える内容は、その年その月によって異なります。ですので「3年生だから」とは一概に決めつけることはできません。心や体の成長のスピードも個人差が大きく、今だからこそ伝えるべきこともあれば、逆に今は伝えきれないこともあります。けれども、子どもたちと真摯に向き合い、感じたことがあるからこそ、この本が生まれたと考えています。

本書の執筆では、手に取りやすい各学年の本を出版することを企画しお声がけをいただいた樋口万太郎先生をはじめ、編集においては東洋館出版社の畑中潤さんに大変お世話になりました。3年生担任として過ごした時間を振り返り、次にまた教壇に立つとき大切にしたいことを再考する貴重な機会をいただいたことに、心から感謝申し上げます。

この本を手に取ってくださった皆さんや担任された子どもたちが、より充実した学校生活を送られますことを祈念します。本当にありがとうございました。

大谷 舞

【参考・引用文献】
・『小学算数3上』教育出版、2023年
・工藤雄一、苫野一徳『子どもたちに民主主義を教えよう 対立から合意を導く力を育む』あさま社、2022年
・佐藤学『学校を改革する 学びの共同体の構想と実践』岩波書店、2012年
・矢生秀仁『子どもに「させる」から、子どもが「したくなる」へ 造形活動が変わる』メイト、2024年
・アルプス子ども会がめざすこと「一人の例外もなく支え、守り合う関係の構築」https://alps-kodomokai.jp/purpose/

著者

益田 雄大（ますだ ゆうだい）

1985年神奈川県生まれ。東京、埼玉で育ち文教大学卒業後、神奈川県の塾「ステップ」に入社。京都市での講師を経て、滋賀県の公立小学校教員へ。教員歴は13年（教職大学院、育休含む）。
2022年に滋賀大学教職大学院卒。修士論文は「学ぶ楽しさを味わう算数科授業の実践研究 ―問題発見・解決の過程の質に着目して―」。滋賀県算数部会問題解決領域代表、大津市算数部会研究推進委員。主な著書は特にありませんが、好きな漫画は『HUNTER×HUNTER』です。

【執筆箇所】

はじめに・第1章・第2章1-37

大谷 舞（おおたに まい）

1996年京都府生まれ。京都教育大学卒業後、京都府公立小学校勤務を経て、現在は滋賀県公立小学校教諭として勤務。滋賀県小学校音楽教育研究会運営委員。
絵本を用いた学級づくりについて積極的に学び、絵本読み聞かせ養成講座への参加を経て、絵本を用いた親子授業の外部講師やオンライン「絵本の会」主催を経験している。小学校の先生向けオンラインサロン「先生ハウス」所属。
共書に『クラスの子が前向きに育つ！対話型叱り方』『クラスみんなが成長する！対応上手な先生の３つの言葉がけ』(以上学陽書房)がある。

【執筆箇所】

第2章38-60・おわりに

カスタマーレビュー募集

本書をお読みになった感想を下記サイトにお寄せ下さい。レビューいただいた方には特典がございます。

https://www.toyokan.co.jp/products/5771

3年生のクラスをまとめる 60のコツ

2025(令和7)年3月28日　初版第1刷発行

著　者　益田 雄大・大谷 舞
発行者　錦織 圭之介
発行所　株式会社 東洋館出版社
〒101-0054　東京都千代田区神田錦町2丁目9番1号
コンフォール安田ビル2階
代　表　TEL 03-6778-4343／FAX 03-5281-8091
営業部　TEL 03-6778-7278／FAX 03-5281-8092
振　替　00180-7-96823
URL　https://toyokan.co.jp/

装幀・本文デザイン：etokumi 藤塚尚子
イラスト：kikii クリモト
組版：株式会社明昌堂
印刷・製本：株式会社シナノ

ISBN978-4-491-05771-2 ／ Printed in Japan